金融市场学学习手册

（第二版）

吴国祥　黄庆安　主编

中国金融出版社

责任编辑：曹亚豪
责任校对：刘　明
责任印制：丁淮宾

图书在版编目（CIP）数据

金融市场学学习手册／吴国祥，黄庆安主编．—2版．—北京：中国金融出版社，2020.8

ISBN 978－7－5220－0650－5

Ⅰ.①金…　Ⅱ.①吴…　②黄…　Ⅲ.①金融市场—经济理论—高等学校—教学参考资料　Ⅳ.①F830.9

中国版本图书馆CIP数据核字（2020）第106054号

金融市场学学习手册（第二版）
JINRONG SHICHANGXUE XUEXI SHOUCE（DI－ER BAN）
出版发行　中国金融出版社
社址　北京市丰台区益泽路2号
市场开发部　（010）66024766，63805472，63439533（传真）
网上书店　http：//www.chinafph.com
　　　　　（010）66024766，63372837（传真）
读者服务部　（010）66070833，62568380
邮编　100071
经销　新华书店
印刷　北京市松源印刷有限公司
尺寸　185毫米×260毫米
印张　10
字数　208千
版次　2019年9月第1版　2020年8月第2版
印次　2020年8月第1次印刷
定价　38.00元
ISBN 978－7－5220－0650－5
如出现印装错误本社负责调换　联系电话（010）63263947

前　言

殷剑锋主编的《金融市场学》近期修订再版。作为该书的配套辅助教材，理应作出相应修改。与此同时，我们发现学习手册初版因编者水平所限和成书仓促，存在许多错误。在向读者致歉的同时，此次修订对这些错误一一改过，尤其是对各章习题及其答案进行了校正或重新编写，恳请广大读者批评指正。

感谢中国金融出版社付出的大量劳动。中国金融出版社是一个学养深厚、锐意进取的金融经济学学术平台，编辑团队的辛勤工作展现了平台无限的发展张力。

我们将不断完善此类教材的栏目设置和编写体例，为学习者提供更好的学习服务。

编者

2020 年 3 月

目录

CONTENTS

第一章　金融市场概论

一、学习提要

1. 金融是指流通中的资金借贷或资本融通。金融要解决的核心问题是在特定的环境下或者不特定的环境下对金融资源进行优化配置。金融资源的配置可以通过市场手段和行政手段两种方式进行。通过金融市场配置金融资源是最合理和最经济的选择。

2. 金融市场是现代金融的重要组成部分，也是金融系统的核心。从历史角度看，金融学大体上沿着三条路径发展：一是以货币理论和货币政策为依托的主流宏观货币经济学；二是金融机构体系，即以银行与金融中介、银行与货币供应以及金融创新为依托的微观银行学或微观金融中介学；三是以货币市场、债券市场、股票市场、外汇市场为核心的金融市场学，也属微观金融范畴。金融机构体系、金融市场及金融监管机构又被称为金融系统，是金融学的核心。

3. 一国市场体系主要由三类市场组成，即要素市场、产品市场、金融市场。金融市场与要素市场和产品市场的差异在于：(1) 金融市场上的参与者之间已经不是单纯的买卖关系，还包括借贷关系和委托关系；(2) 金融市场的交易对象是货币资金；(3) 金融市场交易过程与交易方式高度现代化，无形市场逐渐成为主流。

4. 金融市场通常是指以市场方式买卖金融工具的场所，是一个由许多具体的市场组成的庞大的市场体系。这主要包括四层含义：其一，它是金融工具交易的有形市场和无形市场的总和；其二，它体现金融工具供应者和需求者之间的供求关系；其三，价格机制是金融市场运行的核心机制；其四，不同的金融工具交易形成不同的金融市场子市场。

5. 金融市场在市场经济中的地位：(1) 它是促进储蓄向投资转化的关键环节。(2) 它是市场机制的主导和枢纽。

6. 金融市场的功能：(1) 从微观经济看，它有聚敛功能、财富功能、流动性功能和交易便利性功能四项主要功能。(2) 从宏观经济看，它有分配功能、调节功能和反映功能三项主要功能。

7. 金融市场有四大组成要素，即市场主体、市场客体、市场媒体和市场组织方式。

8. 金融市场主体和金融市场媒体合称为金融市场参与者，即参加金融市场交易和促成交易顺利达成的组织、机构和个人。金融市场主体即金融市场的交易者。金融市场媒体是指那些在金融市场上充当交易媒介、参与交易并促使交易完成的组织、机构或个人。

9. 金融工具是指表示债权债务关系的凭证和具有法律效力的契约。它在金融市场上发挥着两个方面的重要作用：一是促进资金从盈余方向需求方流动；二是通过金融工具的交易，使收益和风险在资金的供求双方重新分布。金融工具具有四个特性：期限性、收益性、流动性和安全性。

10. 金融市场的组织方式主要有两种，即拍卖方式和柜台方式。

11. 金融市场有多种分类法。按交易对象分为货币市场、资本市场、外汇市场、保险市场和金融衍生工具市场等；按中介机构特征分为直接金融市场和间接金融市场；按证券交易方式和次数分为初级市场和次级市场；按交割方式分为现货市场、期货市场和期权市场；按交易与定价方式分为公开市场、议价市场、店头市场和第四市场；按金融工具的属性分为基础金融市场和衍生金融市场；按金融交易作用范围分为国内金融市场和国际金融市场；等等。

12. 金融市场体系由若干具有自身特点的子市场组成。每一个子市场因投资者的偏好和法规与管制而相互隔离，但因为某些因素的作用，金融市场上的各个子市场紧密联结在一起。这些因素主要是：（1）信贷；（2）投机与套利；（3）完美而有效的市场；（4）不完美与不对称的市场。

13. 伴随着经济全球化、金融国际化以及国际金融危机的出现，金融市场的发展出现了以下新趋势：金融市场出现了国际化和全球一体化趋势、金融市场组织有了空前的发展和变化、新兴国家金融市场有了极大发展、国际融资证券化趋势明显增强、金融创新增加了金融市场的不可控制性和不可预测性。

二、重点内容导读

（一）金融市场的内涵

金融市场是金融体系中最重要的组成部分与核心，研究一个国家的金融体系，需要先从金融市场入手，研究其结构及功能。斯蒂芬·A. 罗斯在为《新帕尔格雷夫经济学大辞典》撰写的词条中指出："金融以其不同的中心点和方法论而成为经济学的一个分支……基本的中心点是资本市场的运营、资本资产的供给和定价。其方法论是使用相近的替代物给金融合约和工具定价。当债务首次交易时，资本市场和金融学科便产生了。"

如果要给金融市场下一个定义，它通常是指以市场方式买卖金融工具的场所。这里包括四层含义：其一，它是金融工具交易的有形市场和无形市场的总和。在通信网络技术日益发展和普及的情况下，金融市场不受固定场所、固定时间的限制，所谓场所已经发展成为一个惯用的经济领域，固定的工作设施和空间已经不是金融市场存在的充分必要条件了。其二，它表现了金融工具供应者和需求者之间的供求关系，反映资金盈余者与资金短缺者之间资金融通的过程。其三，金融工具交易或买卖过程中所产生的运行机制，是金融市场的深刻内涵和自然发展，其中最核心的是价格机制，金融工具的价格成为金融市场的要素。其四，金融工具种类繁多，不同的金融工具交易形成不同的市场，故金融市场是一个由许多具体的市场组成的庞大的市场体系，这是金融市场的外延。

（二）金融市场的功能

在现代经济中，金融市场有 7 项基本功能：

1. 聚敛功能：金融市场发挥资金“蓄水池”的作用。

2. 财富功能：为未来的商品与服务支出需求提供储备购买力的手段。

3. 流动性功能：通过将证券与其他金融资产转化为现金余额，提供筹资手段。

4. 交易功能：便利金融资产的交易，降低交易成本。

5. 分配功能：实现资源配置、财富的再分配和风险的再分配。

6. 调节功能：为政府宏观经济政策提供传导途径，对国民经济活动提供自发调节机制。

7. 反映功能：反映上市企业的经营管理情况、发展前景和宏观经济运行。

其中，聚敛功能、财富功能、流动性功能及交易功能是金融市场的微观经济功能；分配功能、调节功能和反映功能是金融市场的宏观经济功能。

（三）金融工具的特性

金融工具在金融市场上发挥着两个方面的重要作用：一是促进资金从盈余方向需求方流动，以投资于有形资产；二是通过金融工具的交易，使收益和风险在资金的供求双方重新分布。金融工具方便了资金供求双方根据自己的偏好进行资金调剂。为此，金融工具必须具有一些重要的特性，即期限性、收益性、流动性和安全性。

1. 期限性是指债务人在特定期限内清偿特定金融工具的债务余额的约定。

2. 收益性是指金融工具能够定期或不定期地给持有人带来价值增值的特性。金融工具的收益有两种形式，一种形式直接表现为利息或者是股息、红利等，另一种形式则是金融工具买卖的价差收益。

3. 流动性是指金融工具转变为现金而不遭受损失的能力。金融工具的流动性解决了投资者市场退出的问题。

4. 安全性或者说风险性是指投资于金融工具的本金和收益能够安全收回而不遭受损失的可能性。

任何金融工具都是以上四种特性的组合，也是四种特性相互之间矛盾的平衡体。一般来说，期限性与收益性正向相关，即期限越长，收益越高，反之则相反。流动性、安全性则与收益性反向相关，安全性、流动性越高的金融工具收益性越低。反之，收益性高的金融工具流动性和安全性就相对较差。正是期限性、流动性、安全性和收益性相互间的不同组合导致了金融工具的丰富性和多样性，使之能够满足多元化的资金需求和对“四性”的不同偏好。

（四）将金融市场各子市场联结在一起的因素

尽管金融市场被分成许多不同的部分，却因为某些因素的作用，金融市场上的各个子市场紧密联结在一起。这些因素主要是：

1. 信贷。
2. 投机与套利。投机与套利源于资金供求双方对利润的追求。
3. 完美而有效的市场。在完美市场上，任何力量都不对金融工具的交易及其价格进行干预和控制，任由交易双方通过自由竞争决定交易的所有条件。在有效市场上，任何可能影响证券价格或利率的信息都不会被浪费，所有金融市场都被密切地联结在一起。
4. 不完美与不对称的市场。金融市场在大多数情况下是不完美的和不对称的，表明金融市场的运行与管理有待改善。

（五）金融市场的发展趋势

1. 金融市场出现了国际化和全球一体化趋势。
2. 金融市场组织有了空前的发展和变化。
3. 新兴国家金融市场有了极大发展。
4. 国际融资证券化趋势明显增强。
5. 金融创新增加了金融市场的不可控制性和不可预测性。

三、习题

（一）名词解释

1. 金融市场
2. 金融工具
3. 货币市场
4. 资本市场
5. 衍生金融市场
6. 现货市场
7. 议价市场
8. 完美市场

（二）判断正误

1. 金融资源的配置一般通过行政手段和市场手段两种方式进行。（　　）
2. 金融工具交易或买卖过程的核心运行机制是价格机制。（　　）

3. 金融市场上的金融商品，不仅指货币资金，还包括银行存贷款、保险、信托、黄金、外汇、货币头寸、票据、债券、股票、期货、金融衍生商品等。( )

4. 金融市场的参与者包括筹资者、投资者、套期保值者和套利者。( )

5. 金融市场的交易对象是指金融市场的交易工具。( )

6. 金融工具可分为债务性金融工具和权益性金融工具两类。 ( )

7. 金融市场的分配功能不仅表现在资源的配置和财富的再分配方面，还包括风险的再分配。( )

8. 金融市场被称为国民经济的“晴雨表”，本质上是指金融市场的调节功能。( )

9. 金融市场主体、金融市场客体、金融市场组织方式构成了金融市场要素。( )

10. 金融市场是在金融机构迅速发展的条件下产生的。( )

11. 非金融中介的市场主体包括政府部门、工商企业和家庭部门，它们在金融市场上同时扮演投资者和筹资者的角色。( )

12. 期限性、收益性、流动性和安全性是金融工具具有的重要特性。( )

13. 初级市场是次级市场的基础和前提，每一种金融工具都必须进入初级市场，只有部分金融工具进入次级市场，相应地，初级市场的重要性要大于次级市场。( )

14. 第三市场是指议价市场，即没有固定场所、相对分散的市场。( )

15. 交易协议虽已达成，交割却要在某一特定时间进行称为期权交易。( )

（三）单项选择题

1. 金融市场的交易对象是（ ）。

A. 货币资金　B. 银行存款　C. 货币资产　D. 金融工具

2. 债务性金融工具能够给其持有者带来（ ）。

A. 浮动收益　B. 固定收益　C. 确定收益　D. 不确定收益

3. 权益性金融工具的收益水平取决于发行人的（ ）。

A. 利润　B. 经营水平　C. 经营能力　D. 经营状况

4. 金融市场通过为政府的宏观经济政策的实施提供传导途径，创造良好条件，体现了金融市场在宏观经济中的（ ）功能。

A. 流动性　B. 反映　C. 分配　D. 调节

5. 在一个有效的金融市场上，金融资产的价格和资金的利率能及时、准确、全面地反映所有（ ），资金在价格信号的引导下迅速、合理地流动。

A. 公开信息　B. 市场信息　C. 私人信息　D. 经济信息

6. 以下不属于金融市场的宏观经济功能的是（ ）。

A. 分配功能　B. 调节功能　C. 反映功能　D. 财富功能

7. 以下不属于金融市场的微观经济功能的是（ ）。

A. 聚敛功能　B. 流动性功能　C. 分配功能　D. 财富功能

8. 金融中介性媒体不仅包括存款性金融机构、非存款性金融机构以及作为金融市场监管者的中央银行，而且包括金融市场（　　）。

A. 投资者　B. 经营者　C. 经纪人　D. 中间商

9. 以下不属于按交易对象划分的金融市场的是（　　）。

A. 货币市场　B. 资本市场　C. 保险市场　D. 原生金融市场

10. 以下不属于货币市场的是（　　）。

A. 同业拆借市场　B. 债券市场　C. 国库券市场　D. 票据市场

11. 下列市场中需要经纪人的是（　　）。

A. 议价市场　B. 店头市场　C. 第四市场　D. 公开市场

12. 下列各项中属于衍生金融工具的是（　　）。

A. 金融期权　B. 货币头寸　C. 债券　D. 股票

（四）多项选择题

1. 金融资源的配置一般可以通过（　　）方式进行。

A. 行政手段　B. 金融手段　C. 法律手段　D. 市场手段

E. 交易手段

2. 经济体系运作中的市场类型主要是指（　　）。

A. 要素市场　B. 土地市场　C. 产品市场　D. 劳动力市场

E. 金融市场

3. 金融市场的宏观经济功能有（　　）。

A. 流动性功能　B. 分配功能　C. 调节功能　D. 反映功能

E. 交易便利性功能

4. 金融市场的分配功能具体表现为（　　）。

A. 资源的配置　B. 财富的再分配　C. 风险的再分配　D. 利益的再分配

E. 资产的配置

5. 金融市场的微观经济功能有（　　）。

A. 反映功能　B. 财富功能　C. 聚敛功能　D. 交易便利性功能

E. 流动性功能

6. 金融市场的参与者有（　　）。

A. 政府　B. 工商企业　C. 居民　D. 各类金融机构

E. 经营者

7. 金融工具的特性有（　　）。

A. 期限性　B. 收益性　C. 投资性　D. 安全性

E. 流动性

8. 按证券交易方式和次数划分，金融市场分为（　　）。

A. 一级市场　B. 货币市场　C. 二级市场　D. 三级市场

E. 资本市场

9. 按交易与定价方式划分，金融市场分为（　　）。
A. 公开市场　　B. 议价市场　　C. 店头市场　　D. 第四市场
E. 资本市场

10. 基础金融工具又称原生金融工具，下列属于原生金融工具的是（　　）。
A. 票据　　B. 债券　　C. 股票　　D. 保险单
E. 外汇

11. 金融市场上有某些因素将各个子市场紧密联结在一起，这些因素主要是（　　）。
A. 完美与对称的市场　　B. 不完美与不对称的市场
C. 完美而有效的市场　　D. 投机与套利
E. 信贷

（五）连线题（找出每个词汇的正确含义，并用实线连接）

词汇	含义
1. 金融系统	A. 包括货币资金、银行存贷款、保险、信托、黄金、外汇、货币头寸、票据、债券、股票、期货、金融衍生商品等
2. 金融商品	B. 被看作整个现代经济体系的心脏
3. 聚敛功能	C. 是指金融工具的交易要跨越国界进行的市场，也包括区域性的金融市场
4. 流动性功能	D. 是指交易协议虽然已经达成交割却要在某一特定时间进行的市场
5. 财富功能	E. 是指以期限在 1 年以上的金融工具为交易对象的中长期金融市场
6. 货币市场	F. 是指作为机构投资者的买卖双方直接联系成交的市场
7. 资本市场	G. 为未来的商品与服务支出需求提供储备购买力的手段
8. 期货市场	H. 通过将证券与其他金融资产转化为现金余额，提供筹资手段
9. 第四市场	I. 是指以期限在 1 年以内的金融工具为交易对象的短期金融市场
10. 国际金融市场	J. 是指金融市场发挥着资金“蓄水池”功能

四、习题参考答案

（一）名词解释

1. 金融市场：是指金融商品买卖交易的场所，是一个由许多具体的市场组成的市场体系的枢纽。

2. 金融工具：又称信用工具，是指表示债权债务关系的凭证，是具有法律效力的金融契约。

3. 货币市场：是指以期限在 1 年以内的金融工具为交易对象的短期金融市场，其主要功能是保持金融工具的流动性，以便随时将金融工具转换成现实的货币。

4. 资本市场：是指以期限在 1 年以上的金融工具为交易对象的中长期金融市场，

其主要功能是筹集中长期资本。

5. 衍生金融市场：是指以衍生性金融工具为交易对象的金融市场。它是金融创新浪潮和金融市场不断深化的产物，通常又被细分为金融期货市场、金融期权市场、金融互换市场和金融远期市场。

6. 现货市场：是指随交易协议达成而立即交割的市场。

7. 议价市场：是指没有固定场所、相对分散的市场，交易双方的买卖活动通过直接谈判方式自行议价成交。由于这类活动一般多在公开市场外面进行，属于场外交易市场。

8. 完美市场：是指在市场交易成本接近或等于零，所有的市场参与者都是价格的接受者。完美市场是市场有效率的一种表述。

（二）判断正误

1. √
2. √
3. √
4. ×（还包括监管者）
5. √
6. √
7. √
8. ×（反映功能）
9. ×（还包括金融市场媒体）
10. ×（银行）
11. √
12. √
13. ×（次级市场赋予金融工具以流动性，是金融发达与否的重要标志）
14. ×（店头市场或柜台市场，是指未上市的证券或不足一个成交批量的证券进行交易的市场）
15. ×（期货交易）

（三）单项选择题

1. A　2. B　3. D　4. D　5. A
6. D　7. C　8. C　9. D　10. B
11. D　12. A

（四）多项选择题

1. AD　2. ACE　3. BCD　4. ABC　5. BCDE

6. ABCD　7. ABDE　8. AC　9. ABCD　10. ABCDE
11. BCDE

（五）连线题

1B　2A　3J　4H　5G
6I　7E　8D　9F　10C

五、相关案例分析

中信银行三十年：创新为实业　匠心办银行

中信银行成立于1987年，2017年，中信银行“三十而立”!

三十年时光，中信银行已经成为一家资本实力雄厚且颇具市场竞争力的综合性、现代化、国际化商业银行。中信银行的成长日志可以说是中国股份制商业银行不断成长与蜕变的缩影，记录了金融企业在风云激荡的年代不懈追逐中国梦的时代精神。

纵观中信银行的发展史，“创新”是根植于中信银行文化的基因，是推动银行持续快速发展的强大动力。中信银行继承和发扬了中信人“勇于创新”的传统，在中国金融发展史上以自己的实际行动书写了华丽篇章。从率先开展国际金融交易业务，先行赴美发行公募债券开始，中信银行紧跟时代步伐，把握政策方向，大胆创新，勇于实践，成功获取了一大批业务试点资格；成立了产品创新管理委员会，建立了绿色审批通道、上下架淘汰制、金点子研讨制等业务创新机制，产品创新释放出巨大活力。

时至今日，很多业务已经成为中信银行引以为傲的优势产品，成为获客能力强、业务贡献高、品牌效应好且易于复制推广的“大单品”，中信银行的品牌影响力快速提升。例如，“交易+”品牌发布打响市场，截至2016年末，交易银行客户数达到33.7万户，交易笔数超过5200万笔；“政府综合金融”取得各级财政代理业务资格逾400项，实现了所有省级国库集中收付资格和地方国库现金管理试点地区的全覆盖；“资产托管”保持领先，截至2016年末，公募基金托管规模排名在股份制银行中居领先地位；信用卡经营效益再创新高，2016年获得中间收入177亿元。

在互联网金融创新方面，百信银行正式获批筹建，开启“金融+互联网”创新发展的新篇章；中信银行联合12家全国股份制商业银行发起设立了“商业银行网络金融联盟”，抢抓互联网金融制高点。

与永不停歇的业务创新不同，中信银行在不同的发展阶段也给自己制定了明确的规划，并深化结构调整，努力向目标迈进。“十三五”期间，中信银行将围绕“一个中心、两个导向、三大板块、四大目标、五个定位、六大支点”的战略指引，以改革创新为动力，坚持效益、质量、规模协调发展，努力建设成为业务特色鲜明、盈利能力突出、资产质量较好、重点区域领跑的综合融资服务银行。

具体而言，“一个中心”即坚持以客户为中心。“两个导向”即以价值创造和轻型发展（轻资本、轻资产）为导向。“三大板块”即形成公司银行板块、零售银行板块、金融市场板块三大业务板块和盈利点。“四大目标”即努力实现核心经营目标、结构调整目标、客户拓展目标、渠道建设目标四大战略目标，走在竞争前列。“五个定位”即坚持公司大客户、零售中高端、同业广覆盖的客户定位，坚持以公司银行为主体、零售银行和金融市场为两翼的“一体两翼”业务定位，坚持聚焦京津冀、“一带一路”、长江经济带以及北上广深的区域定位，坚持新经济、服务业和战略性新兴产业的行业定位，坚持物理网点多元化、电子渠道移动化、第三方渠道平台化的渠道定位。“六大支点”即以中信平台为依托，实施综合化经营战略；以大单品为龙头，实施特色化经营战略；以大资管为抓手，实施中间业务发展战略；以互联网金融为突破口，实施渠道一体化战略；以人民币国际化为契机，实施国际化经营战略；以创新体制改革为重点，实施创新驱动战略六大战略支点。

三十年来，中信银行始终紧跟时代发展与行业创新的主旋律，瞄准中国经济转型升级过程中的金融需求，主动作为、不断创新，为经济发展源源不断地输送金融血液。如今“三十而立”的中信银行，更加成熟稳重，愈发从容不迫。中信银行将继续探索与经济新常态和市场化改革相适应的新型股份制银行发展道路，做一个有担当的企业公民，为美丽中国贡献力量。

案例讨论

中信银行创新成功的案例对国内银行业加快金融创新带来了哪些启示？

案例分析

中信银行创新成功的案例对国内银行业加快金融创新带来了重要启示，这些启示可以说是国内银行业应该确立的加快金融创新的战略。

1. 以制度建设为根本，通过建立创新机制，激励创新精神。在一个日新月异的变革时代，如果没有制度创新，一个企业就没有核心竞争力。制度创新是最根本的，是整个系统的创新。只有通过不断的制度创新来改变一些不适应的制度才能实现企业持续、快速、健康发展。金融业间的竞争，是人才的竞争，而人才竞争的背后是激励机制、用人环境、企业文化建设的综合较量。

中信银行继承和发扬了中信人“勇于创新”的传统，“创新”是根植于中信银行文化的基因，是推动银行持续快速发展的强大动力。这种创新传统和创新文化就是根植于企业的制度，这是奠定银行业创新的坚实基础。

2. 坚持以客户为导向的业务创新，提高金融服务质量。银行业是向客户提供服务业务的，而金融服务相当容易模仿，优势的期间往往很短。一个商业银行只有始终不断地坚持服务业务的创新，才能一直处于领先地位。

中信银行的很多业务已经成为中信银行引以为傲的优势产品，成为获客能力强、业务贡献高、品牌效应好且易于复制推广的“大单品”，中信银行的品牌影响力快速提升。这告诉我们，银行业一定要坚持以客户为导向的业务创新，并提高服务质量。

3. 坚持创新为实体经济服务。金融的本质是为实体经济服务，离开实体经济的创新必将成为无本之源，最终走向失败。三十年来，中信银行始终坚持创新为实体经济服务，始终紧跟时代发展与行业创新的主旋律，瞄准中国经济转型升级过程中的金融需求，主动作为、不断创新，为经济发展源源不断地输送金融血液。坚持创新为实体经济服务，是银行业持续发展的根本之路。

案例参考资料

《中信银行三十年：创新为实业 匠心办银行》，载《经济参考报》，http://jjckb.xinhuanet.com/2017-09/15/c_136610909.htm，2017-09-15。

第二章　金融资产与资金价格

一、学习提要

1. 金融资产是指对财产或所得具有索取权的、代表一定价值的、与金融负债相对应的无形资产。其通常具有以下特征：一是无形资产，区别于有形的实物资产；二是具有索取权的资产，区别于本身创造价值的真实资产；三是与金融负债相对应的无形资产，区别于商誉、专利、财务证券、证据证券等其他无形资产。金融资产包括现金、存款、贷款、票据、股票、债券、保险单、外汇、应收账款等。按国际货币基金组织的定义，货币性黄金和特别提款权也被视作金融资产。

2. 金融资产是发售者筹集资金出具给投资者的证明。金融资产必须标明发售者，否则就难以构成债权债务和投资关系，也就不是真正意义上的金融资产。

3. 金融资产具有货币性、可分性、可逆性、虚拟性和风险性。金融资产的风险性来源于它的虚拟性，即可以脱离真实资产的变动而狂跌或暴涨。

4. 金融资产的作用集中体现在三个方面，即融通资金的媒介、分散风险的工具和调节经济的手段。

5. 金融资产分为货币资产和其他金融资产两大类。货币是银行发行的凭证，通过银行资产运用业务被创造出来，即由中央银行创造基础货币，商业银行创造存款货币。其他金融资产的创造过程则体现为金融工具购买。

6. 金融脱媒是指资金的非中介化，即存款人脱离金融机构转而从投资基金或有价证券交易中寻求更高回报的机会，从而削弱了银行的金融中介作用。

7. 利息是借贷关系中资金借入方支付给资金贷出方的报酬，利率是利息与本金的比率。利率按利息发放期限不同分为年利率、月利率及日利率。按计息方式不同分为单利和复利。单利仅按本金计算利息；复利则是将上期利息转为本金一并计息。终值是在未来某一时点上的本利和，现值则是未来现金的现在价值。

8. 资产定价理论是金融经济学最重要的主题之一，它试图解释不确定条件下未来支付的资产价格或者价值。在确定的市场里，资产定价可以无风险收益率或回报率去折现资产的未来收益计算出资产现价。在不确定性条件下，资产定价既要考虑投资者对风险的态度，也要考虑投资者在收益与风险之间的权衡，或者为了补偿投资者承受的风险而对其给予额外的报酬，这就是风险溢价问题。

9. 从经济整体来看，投资必须与储蓄相等，金融来源必须与金融运用匹配。但从部门来看，有些部门资金盈余，有些部门资金短缺。盈余部门是资金供应者，短缺部门是资金需求者。正是由于部门间储蓄与投资不相等，才使金融市场得以发挥作用。

10. 资金流量表全面地反映了资金余缺情况及其在不同机构、部门之间的流量和流向，具有许多其他统计报表所不具有的功能。通过资金流量分析，一是可以分析收入分配关系；二是可以分析各部门资金的保证程度；三是可以分析各部门债务状况。对于金融市场而言，最重要的是分析融资方式及金融工具在金融市场中的作用。

二、重点内容导读

（一）资产和金融资产的含义

1. 资产有如下含义：第一，它是一种经济资源，能为企业、个人或政府部门的经济活动提供物质基础或贡献力量，即为持有者获得未来利益；第二，资产必须是持有者能实际拥有或者控制的，不能为持有者控制的经济资源不构成资产；第三，资产能以货币计量。

2. 资产可分为有形资产和无形资产。有形资产是指有特定物质形态的资产，如住宅、机器等，它们本身具有价值。无形资产是指没有特定的物质形态，但代表一定的价值，能为持有者带来一定收益的资产，如股票、债券、商誉、专利等。

3. 金融资产是指对财产或所得具有索取权的、代表一定价值的、与金融负债相对应的无形资产。金融资产包含以下几点含义：第一，金融资产是一种无形资产，区别于有形的实物资产；第二，金融资产是具有索取权的资产，区别于本身创造价值的真实资产；第三，金融资产是与金融负债相对应的无形资产，区别于商誉、专利、财务证券、证据证券等其他无形资产。金融资产包括现金、存款、贷款、票据、股票、债券、保险单、外汇、应收账款等。按国际货币基金组织的定义，货币性黄金和特别提款权也被视作金融资产。

（二）金融资产的构成要素

1. 金融资产的发售者。金融资产是发售者筹集资金出具给投资者的证明。融通资金到期后，投资者要向筹资者收回资金，故金融资产必须标明发售者。

2. 金融资产的价格。从融资的角度来说，金融资产的价格就是买卖金融资产融通资金的数额。金融资产价格有票面价格和市场价格之分。一般情况下，金融资产的价格是指金融资产的市场价格或实际价格。金融资产若无价格，就不能在市场上买卖，也就不能成为金融资产。

3. 金融资产的期限。它是指金融资产记载的还本付息的期限。由于金融资产是融通资金的工具，因此，金融资产的期限就是融通资金的期限。金融资产融通资金的期限大体上分为固定期限和无期限两种。固定期限的金融资产就是金融资产记载到期还本付息的时间，债券要标明还本付息的时间，票据也要载明到期日。无期限的金融资产是不记载到期日的，如现钞、股票等。

4. 金融资产的收益。它是指金融资产所带来的未来收益，即大于购买金融资产的货币收入。人们购买金融资产的目的就是获得未来收益。若金融资产不能带来未来的收益，即金融资产所代表的资金的融通无任何代价或收益，这是与资金的本质相矛盾的。

5. 币种。大多数金融资产都以某种货币发行，如以人民币、美元、港元等。也有一些发行人为了满足投资者减少外汇风险的要求，发行双重货币证券。例如，有些债券在支付利息时用一种货币，偿还本金时则用另一种货币。另外，一些债券还允许投资者选择支付利息和偿还本金时使用的货币。

（三）金融资产的虚拟性

1. 金融资产特别是股票代表一定价值，可以出售，并能给持有者带来收益，它确实是一种资产，但不是真实资产，而是虚拟的，或者说仅是观念的。其原因是：

（1）金融资产本身不是劳动生产物，无社会劳动凝结，本身没有价值，仅代表真实资产的价值，是附着在真实资产上的影子。没有真实资产的存在，金融资产本身就失去了存在的意义。

（2）金融资产本身不能在再生产过程中发挥作用，而真正起作用的是发售金融资产筹集资金购买的真实资产。

（3）金融资产本身不能创造价值。从表面来看，金融资产能为其持有者带来收益，好像它本身具有增值的能力。其实，金融资产为其持有者带来的收益，并不是它本身创造的，而是对其依附的真实资产创造收益的分割。

2. 金融资产的虚拟性不仅表现在质的方面，还表现在量的方面。金融资产虚拟性在量的方面表现为它的变化具有“水分”，不能反映真实资产价值量的变化。金融资产的量等于金融资产发售量乘以价格。因此，金融资产量的变化取决于金融资产发售量和金融资产价格水平。金融资产量的变化在某种情况下可能反映真实资产数量的变化，如参加交易的真实资产增加。但是在很多情况下，金融资产量的变化并不反映真实资产数量的相应变化。

（四）资金流量核算

1. 资金流量核算。它是把国民经济划分为若干部门，从货币收支的角度系统地描述各部门资金来源和运用情况的方法体系。它是伴随着商品经济的高度发展，适应政府对宏观经济管理的需要而产生并逐步完善起来的。

2. 资金流量核算的起源与发展。资金流量核算起源于美国，逐步受到其他国家和地区的青睐，后来，联合国主持对国民经济账户进行修订时，将其纳入 SNA 体系，使资金流量核算逐渐国际化。资金流量核算的普遍推广及日趋完善为各国经济决策的科学化提供了可靠的方法与技术保证。我国的资金流量核算起步较晚，但发展较快。目前，我国的资金流量核算表由国家统计局和中国人民银行共同编制，其中实物交易核算部分由国家统计局负责，金融交易核算部分由中国人民银行负责。

3. 资金流量核算的对象。现实经济生活中，资金运动千变万化，但都遵循一定的秩序。资金流量核算就是对资金运动过程进行系统描述。

4. 资金流量核算范围。资金流量核算范围分为以下四种类型：

（1）全面反映所有金融交易和非金融交易，即包括中间产品、产品税、消费、投资形成的资金流量。

（2）反映消费、投资等非金融交易和金融交易所形成的资金流量。

（3）反映投资交易和金融交易所形成的资金流量。

（4）只反映金融交易所形成的资金流量。

三、习题

（一）名词解释

1. 资产
2. 有形资产
3. 无形资产
4. 金融资产
5. 金融资产收益
6. 金融资产的风险性
7. 金融脱媒
8. 资金流量核算

（二）判断正误

1. 任何一笔金融资产都会产生相应的金融负债，等量的金融资产等于等量的金融负债，二者总是相伴而生的。(　　)

2. 金融资产是指投资者所持有的筹资者所发售的负债资产。(　　)

3. 金融资产的可逆性是指其具有重新转换成其他金融工具的性质。(　　)

4. 金融资产按市场价格出售，也按市场价格还本。(　　)

5. 金融资产的期限越长，要求补偿的价值就越大，金融资产的收益就越高。(　　)

6. 现钞本身没有标明其收益率的高低，不能给持有者带来收益。(　　)

7. 金融资产之所以可以狂跌或暴涨，是其虚拟性源于风险性所致。(　　)

8. 商业银行和其他金融机构创造存款货币，中央银行创造基础货币，银行体系共同创造货币资产。(　　)

9. 单利的计算方法反映了利息的本质特征，是更符合生活实际的利息计算观念。(　　)

10. 在金融市场上，投资者通常选择收益高风险小的资产和低买高卖来规避风险。（　　）

11. 收益率曲线是分析利率走势和进行市场定价的基本工具，也是进行投资的重要依据。（　　）

12. 我国的资金流量核算表由国家统计局编制。（　　）

（三）单项选择题

1. 金融工具对出售者而言是筹措资金的工具，对购买者而言是投资工具或资产，也即（　　）。

A. 资产　　B. 无形资产　　C. 虚拟资产　　D. 金融资产

2. 就本质而言，金融资产是（　　）。

A. 无形资产　　B. 有形资产　　C. 虚拟资产　　D. 风险资产

3. 下列各项中不属于金融资产的是（　　）。

A. 股票　　B. 债券　　C. 商誉　　D. 应收账款

4. 金融资产是发售者筹集资金出具给投资者的证明，那么，股票的发售者是（　　）。

A. 公司　　B. 股份公司　　C. 有限责任公司　　D. 集团公司

5. 金融资产融通资金的期限大体上分为固定期限和无期限，下列各项中属于无期限的金融资产的是（　　）。

A. 债券　　B. 票据　　C. 股票　　D. 应收账款

6. 金融资产可以标明收益率也可以不标明收益率，下列各项中未标明收益率的金融资产的是（　　）。

A. 贷款　　B. 股票　　C. 债券　　D. 存款

7. 金融资产具有可分性，下列各项中具有较强可分性的金融资产的是（　　）。

A. 股票　　B. 债券　　C. 票据　　D. 银行存款

8. 金融资产可能会因价格下跌给持有者带来损失，这是由于金融资产具有（　　）。

A. 虚拟性　　B. 可逆性　　C. 风险性　　D. 违约性

9. 金融资产发售者特别是货币当局和财政部门可以通过发售钞票、票据、债券及购买贷款等金融资产，扩大社会总需求。这是因为金融资产的（　　）作用。

A. 投资组合　　B. 融通资金　　C. 调节经济　　D. 分散风险

10. 我国的资金流量核算表由国家统计局和（　　）共同编制。

A. 商业银行　　B. 国家发展改革委　　C. 财政部　　D. 中国人民银行

（四）多项选择题

1. 对资产而言，下列各项中说法正确的是（　　）。

A. 资产是一种经济资源

B. 不能为持有者控制的经济资源不构成资产

C. 资产能以货币计量
D. 资产分为有形资产和无形资产
E. 金融资产是无形资产

2. 对金融资产而言，下列各项中说法正确的是（　　）。
A. 黄金和特别提款权也被视为金融资产　B. 是一种无形资产
C. 是具有索取权的资产　D. 是本身可以创造价值的资产
E. 是与金融负债相对应的无形资产

3. 下列各项中属于金融资产要素的是（　　）。
A. 金融资产发售者　B. 金融资产价格
C. 金融资产期限　D. 金融资产收益
E. 币种

4. 金融资产的作用是（　　）。
A. 融通资金的媒介　B. 制定政策的基础
C. 分散风险的工具　D. 国际交流的通道
E. 调节经济的手段

5. 下列各项中能体现金融资产性质的是（　　）。
A. 货币性　B. 可分性　C. 可逆性　D. 虚拟性
E. 风险性

6. 就金融资产的虚拟性而言，以下说法正确的是（　　）。
A. 金融资产本身不是劳动生产物，无社会劳动凝结，本身没有价值
B. 没有真实资产的存在，金融资产本身就失去了存在的意义
C. 金融资产本身不能在再生产过程中发挥作用，而真正起作用的是发售金融资产筹集资金购买的真实资产
D. 金融资产本身不能创造价值
E. 金融资产的虚拟性不仅表现在质的方面，还表现在量的方面

7. 对于金融脱媒，以下说法正确的是（　　）。
A. 网络信息技术的发展促进了“脱媒”的发展
B. “脱媒”是我国经济发展、放松管制和发展直接融资市场的必然结果
C. “脱媒”使中央银行货币政策反周期操作的有效性大大提高
D. “脱媒”使股市风险加大
E. “脱媒”发展的同时，不能利用利率手段吸引居民储蓄，将使各家银行资金来源锐减，削弱其信贷投放能力

8. 关于金融资产创造，以下说法正确的是（　　）。
A. 金融资产也是劳动的直接产物
B. 投资者增加金融债权的过程，也是金融资产创造的过程
C. 中央银行创造基础货币

D. 商业银行创造存款货币
E. 银行体系共同创造货币资产
9. 资金流量表的部门可以分为以下几类（　　）。
A. 非金融企业部门　　B. 金融机构部门
C. 政府部门　　D. 住户（家庭）部门
E. 国外部门
10. 中国资金流量表的金融交易项目包括（　　）。
A. 通货　　B. 存款
C. 贷款　　D. 股票
E. 黄金

（五）连线题（找出每个词汇的正确含义，并用实线连接）

词汇	含义
1. 金融资产	A. 企业、银行和政府
2. 存款发售者	B. 是指在未来某一时点上的本利和
3. 债券发售者	C. 包括现金、存款、贷款、票据、股票、债券、保险单、外汇、应收账款等
4. 风险成本	D. 是指转手时可能存在信用风险和通货膨胀风险
5. 金融资产风险性	E. 必须去掉积聚、贷出或偿还债务所产生的盈余
6. 终值	F. 商业银行和其他金融机构
7. 现值	G. 必须通过非积聚卖出非货币的金融资产（包括收回贷款）或借入等融通资金途径去消除赤字
8. 收益率曲线	H. 是分析利率走势和进行市场定价的基本工具，也是进行投资的重要依据
9. 盈余部门	I. 是未来现金的现在价值
10. 短缺部门	J. 是指金融资产不能恢复它原来投资价值的可能性

四、习题参考答案

（一）名词解释

1. 资产：是指在交换中有价值的任何所有权或由个人、家庭、企业或政府部门拥有或者控制的以货币计量的经济源泉，包括各种财产、债权和其他权利。

2. 有形资产：是指有特定物质形态的资产，如住宅、机器等，它们本身具有价值。

3. 无形资产：是指没有特定的物质形态，但代表一定的价值，能为持有者带来一定收益的资产，如股票、债券、商誉、专利等。

4. 金融资产：是指对财产或所得具有索取权的、代表一定价值的、与金融负债相对应的无形资产。

5. 金融资产收益：是指金融资产所带来的未来收益，即大于购买金融资产的货币收入。

6. 金融资产的风险性：是指金融资产不能恢复它原来投资价值的可能性，可分为信用风险和市场风险两种。

7. 金融脱媒：是指“金融非中介化”，即存款人可以从投资基金和证券中寻求更高回报的机会，脱媒行为会削弱银行的金融中介作用。

8. 资金流量核算：是指将国民经济划分为若干部门，从货币收支的角度系统地描述各部门资金来源和运用情况的方法体系。它是伴随着商品经济的高度发展，适应政府对宏观经济管理的需要而产生并逐步发展完善的。

（二）判断正误

1. √
2. √
3. ×（重新转换成现金的性质）
4. ×（按票面价格还本）
5. √
6. ×（现钞也能带来收益）
7. ×（是其风险性源于虚拟性所致）
8. √
9. ×（复利）
10. ×（持有多样化投资组合）
11. √
12. ×（国家统计局与中国人民银行共同编制）

（三）单项选择题

1. D	2. A	3. C	4. B	5. C
6. B	7. D	8. C	9. C	10. D

（四）多项选择题

1. ABCDE	2. ABCE	3. ABCDE	4. ACE	5. ABCDE
6. ABCDE	7. ABDE	8. BCDE	9. ABCDE	10. ABC

（五）连线题

1C	2F	3A	4D	5J
6B	7I	8H	9E	10G

五、相关案例分析

暴涨暴跌的中国股市

自改革开放成为我国的基本国策后，我国的经济发展便迎来了春天，从此走上了市场经济这条光明大道。随着我国经济体制改革的不断推进，以及企业对资金需求的日益增多，上海证券交易所和深圳证券交易所分别于1990年12月19日和1991年7月3日正式营业，标志着我国股市的正式建立。

二十七年间，伴随着中国经济的飞速发展，我国股市取得了蓬勃发展，获得了巨大的成就。中国上市公司市值管理研究中心发布的《2016年A股市值年度报告》显示，2016年度A股市值收于50.62万亿元，尽管与2015年的52.99万亿元市值相比减少了4.47个百分点，但也创出了历年年底市值的第二高成绩，相当于1993年总市值(3541.5亿元）的143倍。我国上证A股数量达到1198只，深证A股数量达到2139只，合计3337只，仅A股数量就相当于1993年A股和B股总和（183只）的18.23倍。仅经过二十多年的发展，我国A股市值就已经超越了英国等西方发展了上百年的成熟股市，并稳居世界第二位，直逼经济世界的霸主美国。我国股市的蓬勃发展，不仅为企业的迅速发展提供了资金支持，同时也促进了社会资源的优化配置，使社会资源得以有效利用。同时，在推进社会主义市场经济体制的深化改革、促进我国经济高速发展方面也发挥了巨大作用。

但是，伴随着我国股市的建立和高速发展，我国股市也出现了诸多问题。自股市建立之初，就担负着国企改革的重担，股份制成为国企改革的方向，扭曲了股市为优秀上市企业融资的本质，使得我国股市生而畸形。同时，股市是辅助我国经济发展的工具，但我国经济的高速发展使得股市改革跟不上进程，我国股市频繁发生暴涨暴跌就是最好的证明。自我国股市建立以来，它已经发生过十轮暴涨暴跌，平均每两到三年就要发生一次，可谓频繁至极。就最近一轮而言，暴涨开始于2014年6月20日，结束于2015年6月12日。在这一年左右的时间里，上证指数从2017.15点，疯狂上涨至5178.91点，涨幅高达156.8%。深证指数也扶摇直上，从7299.81点快速上涨至18211.76点，涨幅也高达149.5%。中小板指数则从2014年5月19日的4465.45点上涨到2015年6月12日的12084.30点，涨幅为170.6%。创业板指数更是疯狂至极，从2014年5月19日的1213.99点上涨到2015年6月4日的4037.96点，涨幅高达232.6%。面对中国牛市的疯狂，中国证监会开始出台一系列去杠杆政策，严厉打压配资，自此，中国股市暴涨结束，转为断崖式暴跌。从2015年6月12日至7月8日，仅不到一个月的时间内，上证指数就从5178.91点跌至3599.25点，降幅达到30.5%，平均每个交易日跌幅为1.61%。深证指数同样在不到一个月的时间内，从2015年6月15日的18211.76点跌至7月8日的10850.38点，跌幅竟高达40.4%，平均每日跌幅为2.24%。创业板的情况更甚，从2015年6月5日的最高点4037.96点跌至7月8日的仅剩2304.76点，跌幅达42.9%，可谓拦腰截断。一时间，中国股市中的股民不是

“割肉”，就是被深套，遭受了严重损失，在股市的战场上，真可谓尸横遍野，怨声载道。

案例讨论

股票是一种重要的金融资产。以上案例说明金融资产具有什么作用？具有哪些性质？

案例分析

1. 以上中国股票市场的发展说明金融资产在合理配置资源、提高经济效率、缓解经济波动、调节经济等方面发挥着重要作用。我国股市的蓬勃发展，不仅为企业的迅速发展提供了资金支持，同时也促进了社会资源的优化配置，使社会资源得以有效利用，同时，在推进社会主义市场经济体制的深化改革、促进我国经济高速发展方面也发挥了巨大作用。

2. 中国股市的暴涨暴跌，说明了金融资产的虚拟性和风险性性质。

（1）金融资产具有虚拟性。金融资产特别是股票代表一定价值，可以出售，并能给持有者带来收益，它确实是一种资产。但它不是真实资产，而是虚拟的，或者说仅是观念上的。股份公司出售的股票，出售时所筹集资金已经购买了设备、原材料等真实资产，并现实地参加了生产和流通。但同时，购买股票者掌握着代表真实资产的股票。这样，同一资产获得了双重的存在，既当作实际在生产流通中发挥作用的真实资产而存在，又当作金融资产的价值而存在。前者是真实的资本，后者是前者的“纸制的副本”，是观念上的资产，无疑是虚拟的。从股票的价格水平来看，我们知道股票的行市是由它们所带来的收入和供求状况决定的，而不是由真实资产量的变化所决定的，因为在真实资产量没有任何变化的情况下，股票的价格也会发生变动，从而金融资产总量也会发生变动。

（2）金融资产具有风险性。风险性是指金融资产不能恢复它原来投资价值的可能性。金融资产风险性大的根源在于它的虚拟性，其价格可以脱离真实资产的变动而狂跌或暴涨。金融资产的风险可分为信用风险和市场风险两种。信用风险是由于金融资产的发售者破产或违约，而不能偿还原先投入的资本，如发售股票的公司破产或资不抵债使股东遭受风险。市场风险是金融资产因市场价格变动而产生的风险，金融资产的价格下跌会给持有者带来损失。中国股市的暴涨暴跌使投资者遭受了严重损失，说明金融资产具有风险性。

案例参考资料

董若斌：《中国股市暴涨暴跌的原因及对策分析——基于股市参与者博弈角度》，载中国知网，2017－05－01。

第三章 货币市场

一、学习提要

1. 货币市场是指融通资金期限在 1 年以内的金融市场。货币市场具有如下特点：一是中央银行直接参与；二是市场参与者不同；三是货币市场工具的平均风险较小；四是市场组织形式不同。

2. 货币市场发行人仅限于信誉卓越、资金雄厚的借款人，如政府部门、银行和非银行金融机构以及少数大型公司。货币市场工具主要有银行间同业拆借资金、大型商业银行发行的大额可转让定期存单、政府发行的短期国库券、企业和银行发行的商业票据和银行承兑汇票等。货币市场工具具有货币性特点，如银行票据、大额可转让定期存单、同业拆借资金等，其共同特点是期限短、流动性强、二级市场交易活跃、易于变现，发行这类金融资产的目的主要是解决短期周转资金不足的困难。

3. 同业拆借市场是指金融机构之间进行临时资金融通的市场。同业拆借的资金主要用于弥补短缺资金的不足及票据清算的差额，解决临时性的资金短缺需求。同业拆借市场按组织形态分为有形拆借市场和无形拆借市场，按有无担保分为有担保拆借市场和无担保拆借市场，按期限不同划分为半天期拆借市场、一天期拆借市场和指定日拆借市场。

4. 票据是指由出票人签发，无条件约定自己或委托付款人在见票时或指定日期支付一定金额，可流通转让的有价证券。票据是一种重要的有价证券，作为国际金融市场上流通的结算和信用工具，是货币市场上主要的交易工具之一。票据的基本形式有三类：汇票、本票和支票。

5. 商业票据市场是指商誉卓越的大公司以贴现的方式发行的商业票据交易的场所。商业票据作为古老的信用工具，是以大公司作为出票人，以贴现的方式出售给投资者，到期按票面金额向持票人付现的一种无抵押担保的远期票据。商业银行曾经是商业票据的主要购买者，现在则发展到非金融企业、保险公司、地方政府、养老基金等。发行者、投资者、面额及期限、信用评级、销售渠道和票据发行的非利息成本构成商业票据市场的要素。

6. 银行承兑汇票市场，是以银行承兑汇票作为金融工具，通过银行承兑汇票的发行、承兑和贴现而实现资金融通的市场，是以银行信用作为基础的市场。承兑是承兑人对收款人的一种无条件支付票款的保证。银行承兑汇票的违约风险较小，但存在利率风险，是银行欢迎的信用工具。

7. 大额可转让定期存单市场是指专门从事大额可转让定期存单交易的场所。大额可转让定期存单是银行发行的有固定面额、可转让流通的存款凭证。其特点：一是发行人通常是资金雄厚的大银行。二是存单金额较大。三是利率灵活且比同期定期存款利率高。四是具有流动性。大额可转让定期存单分为国内存单、欧洲美元存单、扬基存单、储蓄机构存单等。

8. 回购协议市场是指通过回购协议进行短期资金融通交易的市场。回购协议是指证券出售时，卖家与买家签订协议，约定在一定期限后按原定价格或约定的价格赎回所卖的证券。回购协议市场的交易主体包括商业银行、非银行金融机构、企业和中央银行。其基本要素包括回购协议的证券品种和价格、回购协议的期限、回购协议的报价方式、回购协议的利率、保证金比率。其交易特点是金额大、风险小、期限短、收益低。

9. 国库券市场即国库券发行与流通形成的市场。国库券是政府部门以债务人身份承担到期偿付本息责任的期限在 1 年以内的债务凭证，发行方式主要有四种，即公开招标方式、承购包销方式、随时出售方式和直接发行方式。国库券市场具有违约风险小、流动性强、面额小、收入免税等特征。

二、重点内容导读

（一）货币市场与中央银行

中央银行是银行的银行，通过为商业银行提供资金支持，承担了国民经济中最后贷款人的角色。中央银行可以通过对商业银行和其他金融机构增加或减少再贴现和再抵押贷款来调控货币供应量。商业银行的头寸调整主要通过货币市场进行。中央银行通过货币市场进行公开市场业务操作，从而实现政策目标。当中央银行通过公开市场操作，大量买进货币市场工具时，商业银行可以很容易卖出货币市场工具，以增加经济中各部门的货币供应量；反之，当中央银行大量卖出货币市场工具时，减少了商业银行的货币资金来源，从而迫使其收缩放贷规模，减少经济中的货币供应量。中央银行主要通过直接业务和回购协议及逆回购协议来进行公开市场操作。直接业务是指中央银行直接买进或卖出有价证券，其中主要是国库券。中央银行通过在二级市场与商业银行及证券公司买进和卖出国库券来影响商业银行的准备头寸，同时显示中央银行的货币政策动态，使货币市场参与者清楚中央银行所希望的利率走势。回购协议也是一种在极短时间内调整货币供应量的方式。中央银行可以利用回购协议购买国库券。与直接购买不同，回购协议规定，中央银行在以商定的价格从商业银行和证券交易公司购买国库券的同时，商业银行和证券交易公司需要在指定时间内将这笔国库券买回。

总之，中央银行通过公开市场业务来实现货币政策目标，调整货币供应量。与其他政策工具相比，公开市场操作具有以下几个特点：一是公开市场操作是中央银行可以使用的最灵活的政策工具；二是公开市场操作是一种主动的、直接的货币供应量调整方式；三是中央银行作为货币市场的普通参与者经常参加货币市场的交易，使货币的调控有一种连续的作用。

（二）同业拆借市场及其分类

1. 同业拆借市场又称为金融同业拆借市场，是指金融机构之间进行临时资金融通的市场。同业拆借的资金主要用于弥补短缺资金的不足及票据清算的差额，解决临时性短期资金需求，现已发展成为各商业银行以及非银行金融机构弥补资金流动性不足和充分有效运用资金、减少资金闲置的市场。

2. 同业拆借市场按组织形态分为有形拆借市场和无形拆借市场

（1）有形拆借市场是指有专门中介机构作为媒介，资金供求双方通过媒介进行资金融通的拆借市场。通过中介机构进行的资金拆借，除了可以降低成本、提高效率外，还可以保障同业拆借的有序和安全。

（2）无形拆借市场是指资金供求双方不通过专门的中介机构，而是借助现代化的通信手段直接进行联系和交易的拆借市场。实际上，完全不通过任何形式的中介，资金供求双方直接联系和交易的情况不多，因为这样效率相对较低，不经济也不安全。

3. 同业拆借市场按有无担保分为有担保拆借市场和无担保拆借市场

（1）有担保拆借市场是指主要以担保人和担保物作为防范风险的保障而进行资金拆借融通的市场。

（2）无担保拆借市场则是指拆借期限较短、拆入方资信较高，可以直接进行转账的资金拆借市场。

4. 同业拆借市场按期限不同划分为半天期拆借市场、一天期拆借市场和指定日拆借市场

（1）半天期拆借市场分为午前交易和午后交易。前者是指金融机构于上午 9 时开始所需资金拆入交易，并于当日午前清算时归还。后者是指在午前票据清算以后进行，在一天营业结束时归还。

（2）一天期拆借市场一般在头天清算时拆入，次日清算前归还。一天期拆借市场是同业拆借的主要形式。

（3）指定日拆借市场在拆借协议中明确某一日为结算日，中途不可解约，这类拆借多以抵押为条件。

（三）同业拆借市场的交易机制

同业拆借市场的交易机制可分为两类，一类是通过中介机构进行的，另一类是不通过中介机构进行的。

1. 通过中介机构的同业拆借。在同一城市、地区的金融机构通过中介机构进行拆借，多以支票作为媒介。当拆借双方协商一致后，资金的拆入银行签发自己的付款支

票，支票面额多为拆入金额加上到下一个营业日为止的利息。拆入行以此支票与拆出行签发的以中央银行为付款人的支票进行交换，然后通知中央银行进行内部转账。处于不同城市或地区的金融机构进行拆借，拆借双方无须互换支票，在通过中介机构以电话协商成交之后，通过中央银行资金电划系统划拨转账。

2. 不通过中介机构的同业拆借。不通过中介机构的同业拆借，与前述通过中介机构的拆借过程大同小异。不同的是，不通过中介机构的同业拆借，交易双方直接洽谈协商，成交后互相转账，增减各自账上的存款。

（四）票据的特点

1. 票据是指由出票人签发，无条件约定自己或委托付款人在见票时或指定日期支付一定金额，可流通转让的有价证券。票据是一种重要的有价证券，作为国际金融市场上流通的结算和信用工具，是货币市场上主要的交易标的之一。

2. 票据的特点

（1）票据是一种完全有价证券。票据的权利随票据的设立而设立，随票据的转让而转让。只有在权利行使之后，票据体现的债权债务关系才宣告结束。因此，票据是一种典型的有价证券。

（2）票据是一种设权证券。设权证券是指证券的权利的发生必须以制成票据为前提。票据所代表的财产权利，即一定金额的给付请求权完全由票据的制成而产生。

（3）票据是一种无因证券。无因证券是指证券上的权利只由证券上的文义确定，持有人在行使权利时无须负证明责任。票据的持票人只要持有票据就能享有票据所拥有的权利，不必说明取得票据行为的原因。

（4）票据是一种要式证券。要式证券是指票据的制成必须遵守法律的规定。票据的制成和记载事项必须严格依据法律规定进行，并且票据的签发、转让、承兑、付款、追索等行为的程序和方式都必须依法进行。

（5）票据是一种文义证券。文义证券是指票据上的所有权利和义务关系均以票据上的文字记载为准。

（6）票据是一种流通证券。票据权利可以通过一定的方式转让，一般包括背书或交付。

（7）票据是一种返还证券。票据权利人实现了自己的权利，收取了票据上的金额之后，需要将票据归还给付款人。

（五）银行承兑汇票的作用

与其他货币市场信用工具相比，银行承兑汇票的某些特点受到借款者和投资者的青睐，同时它也是银行欢迎的信用工具。

1. 从借款人的角度看：第一，借款人通过银行承兑汇票融资的成本低于从传统银行渠道融资的利息成本和非利息成本之和。第二，借款者运用银行承兑汇票比发行商业票据有利。

2. 从银行的角度分析：一方面，银行利用银行承兑汇票可以增加营业收益。另一方面，银行通过创造银行承兑汇票可以增加其信用能力。除此之外，出售合格的银行承兑汇票取得的资金不需要缴纳存款准备金。

3. 从投资者的角度分析：投资于银行承兑汇票具有较高的收益性、流动性和安全性。与投资于其他货币市场工具，如大额可转让定期存单等相比，投资于银行承兑汇票的收益相差不大。质量高的银行承兑汇票具有公开的贴现市场，方便于随时转让，具有高度的流动性。此外，投资于银行承兑汇票安全性非常高。

（六）回购协议交易的优点

1. 对于资金借出方来讲，回购协议可以降低其债务人无法按期还款的信用风险，并且规避因卖出金融资产时市场价格下降而带来的损失。

2. 对于资金借入方而言，回购协议可以使其免受回购资产时因价格上升而引起的损失，降低市场风险。

3. 对于商业银行来说，回购协议的存在，一方面可以使其将大量的资产投资于国库券、银行承兑汇票等生息资产，降低超额存款准备金，增加盈利，避免以贴现方式出售原有资产或回收贷款，以弥补因发放贷款或因支付需求而产生的头寸短缺，增加了银行资金运用的灵活度。另一方面，商业银行利用回购协议获得的资金无须缴纳存款准备金，从而降低了筹资成本，增加了扩大业务的积极性。

4. 降低了银行间同业拆借的风险和成本，引导信贷资金实施有效配置。

5. 中央银行通过回购协议可以实施对货币供应量的调节，同时降低公开市场业务的操作成本。

（七）回购协议市场利率

在回购市场中，利率是不统一的，利率的确定取决于以下几种因素：

1. 用于回购的证券质量。证券的信用度越高，流动性越强，回购利率就越低；反之，回购利率越高。

2. 回购期限的长短。一般而言，回购期限越长，不确定因素越多，回购利率相应提高。这一点并不绝对，实际中的利率可以随时调整。

3. 交割的条件。如果采用实物交割的方式，回购利率会较低；如果采用其他交割方式，回购利率会相对高一些。

4. 其他货币市场的利率水平。回购协议的利率水平受其他货币市场子市场的影响，一般参照同业拆借市场利率来确定。证券回购在实务中是一种以信用较高的证券特别是政府证券做抵押的贷款方式，风险相对较小，因而利率较低。

（八）国库券市场的特征

1. 国库券是政府部门以债务人身份承担到期偿付本息责任的期限在 1 年以内的债

务凭证，国库券市场即国库券发行与流通形成的市场。

2. 国库券市场的特征

与其他货币市场信用工具不同，国库券市场具有一些比较明显的投资特征。

（1）违约风险小。由于国库券是由国家信用担保的债务，因而被称为无风险债券或“金边债券”。

（2）流动性强。由于国库券是一种高组织性、高效率和竞争性市场上交易的短期融资工具，因而具有较强的流动性。

（3）面额小。相对于其他货币市场票据，国库券的面额较小。

（4）收入免税。有些国家规定投资国库券所获得的收益可以免缴个人所得税，这对于那些税收等级较高的投资者具有较大的吸引力。

三、习题

（一）名词解释

1. 货币市场
2. 同业拆借市场
3. 汇票
4. 本票
5. 承兑汇票
6. 资金拆借
7. 票据
8. 背书
9. 贴现
10. 转贴现
11. 再贴现
12. 大额可转让定期存单
13. 回购协议
14. 国库券

（二）判断正误

1. 货币市场上的金融工具流动性强，很容易转化为货币支付手段 M_2，货币市场的名称即由此而来。（　　）

2. 货币市场是典型的交易所市场。（　　）

3. 中央银行通过货币市场进行公开市场操作，可以有效避免货币政策实施过程中的金融震荡。（　　）

4. 同业拆借市场的形成源于存款准备金制度的实施。（　　）

5. 从多数国家的实施情况来看，同业拆借市场的拆入方多为小型商业银行。（ ）

6. 在同业拆借市场，支票通常被称为“明日货币”，而本票通常被称为“今日货币”。（ ）

7. 同业拆借市场中，同一家机构的拆入利率要大于拆出利率。（ ）

8. 票据虽有本票、支票和汇票之分，但需要承兑的只有汇票。（ ）

9. 票据的持票人只要持有票据就能享有票据所拥有的权利，不必说明取得票据行为的原因。（ ）

10. 汇票的基本当事人有两个，即出票人和受款人。（ ）

11. 银行承兑汇票中银行实际上承担最后的付款责任，即作为承兑汇票的第一付款责任人。（ ）

12. 回购协议和逆回购协议都是卖家与买家签订协议，区别只在于前者是从资金供给者的角度出发，而后者则是从资金需求者的角度出发。（ ）

13. 企业作为回购协议市场的参与者，主要是以资金供给者的身份出现。（ ）

14. 回购协议利率由多种因素决定，与协议中原生证券的利率无关。（ ）

15. 在我国，凡由财政部门发行的政府债券均为国库券。（ ）

16. 大额可转让定期存单的发行与交易，强化了银行经营策略上资产管理的理念。（ ）

（三）单项选择题

1. 货币市场的组织形式是（ ）。

A. 交易所市场　B. 柜台市场　C. 店头市场　D. 无形市场

2. 货币市场各工具之间的利率差异小，变动方向相同，体现了货币市场工具的（ ）特点。

A. 流动性　B. 货币性　C. 灵活性　D. 同质性

3. 同业拆借市场按组织形态分为（ ）。

A. 电话拆借市场和网络拆借市场

B. 有担保拆借市场和无担保拆借市场

C. 有形拆借市场和无形拆借市场

D. 半天期拆借市场、一天期拆借市场和指定日拆借市场

4. 同业拆借市场中被称为“今日货币”的是（ ）。

A. 同业债券　B. 本票　C. 承兑汇票　D. 支票

5. 同业拆借利率被视为（ ）。

A. 基础利率　B. 基准利率　C. 市场利率　D. 官定利率

6. 票据的制成必须遵守法律的规定，这是指票据是一种（ ）。

A. 文义证券　B. 要式证券　C. 设权证券　D. 返还证券

7. 商业银行将其持有的未到期银行承兑汇票转让给中央银行的行为，称为（ ）。

A. 背书 B. 贴现 C. 转贴现 D. 再贴现

8. 回购协议中所交易的证券主要是（ ）。

A. 政府债券 B. 金融债券 C. 公司债券 D. 保险单

9. 下列各项中（ ）不是国库券的发行方式。

A. 公开招标（或拍卖）方式 B. 承购包销方式

C. 间接发行方式 D. 随时出售方式

10. 以下不影响大额可转让定期存单收益的是（ ）。

A. 发行银行的信用评级 B. 存单的期限

C. 存单的供求量 D. 存单的金额

（四）多项选择题

1. 与股票、债券等资本市场相比，货币市场的特点是（ ）。

A. 中央银行直接参与 B. 市场参与者不同

C. 风险较小 D. 市场组织形式不同

E. 资金供求关系正好相反

2. 同业拆借市场的支付工具主要有（ ）。

A. 支票 B. 本票

C. 承兑汇票 D. 资金拆借

E. 同业债券

3. 国际货币市场中被广泛使用的同业拆借利率有（ ）。

A. 上海银行间同业拆放利率 B. 新加坡银行间同业拆放利率

C. 纽约同业拆放利率 D. 香港同业拆放利率

E. 伦敦同业拆放利率

4. 同业拆借市场的特点是（ ）。

A. 融资期限较短 B. 具有严格的市场准入条件

C. 信用交易且交易数额较大 D. 利率由交易双方议定，可以随行就市

E. 技术先进，手续简便

5. 同业拆借市场的作用主要包括（ ）。

A. 加强金融机构资产的流动性，保障金融机构运行安全

B. 是中央银行实施货币政策的重要载体

C. 是一国开展国际金融往来的基础

D. 同业拆借利率反映社会资金供求状况

E. 有利于金融机构提高盈利水平

6. 下列各项中（ ）体现了票据的特点。

A. 票据是一种设权证券 B. 票据是一种无因证券

C. 票据是一种要式证券 D. 票据是一种文义证券

E. 票据是一种完全有价证券

7. 商业票据发行的非利息成本有（　　）。

A. 贴现费用　　B. 代理费用

C. 转贴现费用　　D. 信用额度支持的费用

E. 信用评估费用

8. 银行承兑汇票可以通过以下哪些方式流通转让（　　）。

A. 背书　　B. 贴现

C. 转贴现　　D. 承兑

E. 再贴现

9. 回购市场中，利率是不统一的，利率的确定取决于以下哪些因素（　　）。

A. 用于回购的证券质量　　B. 回购期限的长短

C. 交割的条件　　D. 其他货币市场的利率水平

E. 同业拆借利率

10. 同其他货币市场信用工具相比，国库券市场的特征是（　　）。

A. 违约风险小　　B. 流动性强

C. 面额大　　D. 面额小

E. 收入免税

11. 与普通定期存款相比，大额可转让定期存单的特点是（　　）。

A. 发行人通常是资金雄厚的大银行　　B. 金额较大

C. 一般不记名　　D. 可流通转让

E. 能提前支取

12. 一般而言，大额可转让定期存单的收益率取决于以下哪些因素（　　）。

A. 存单的发行规模　　B. 存单的期限

C. 存单的供求量　　D. 发行银行的信用评级

E. 存单的利率

（五）连线题（找出每个词汇的正确含义，并用实线连接）

1. 票据	A. 是对收款人无条件支付票款的保证
2. 支票	B. 表示一家机构愿意提供贷款的利率
3. 本票	C. 表示一家机构愿意借款的利率
4. 汇票	D. 是指将票据权利转让给他人的行为
5. 拆入利率	E. 银行以其持有的未到期票据向其他金融机构转让的行为
6. 拆出利率	F. 有两个基本当事人，即出票人和受款人
7. 转贴现	G. 见票时无条件付款给持票人的票据
8. 贴现	H. 为取得现款将未到期票据向银行转让的行为
9. 承兑	I. 是一种设权证券、无因证券和返还证券
10. 背书	J. 有三方基本当事人，即出票人、付款人和受款人

四、习题参考答案

（一）名词解释

1. 货币市场：是指融通资金期限在 1 年以内的金融市场。根据融通资金的期限，具有高度流动性的金融工具，如短期国库券、大额可转让定期存单、票据、同业拆借市场的头寸等，可划为货币市场。

2. 同业拆借市场：是指金融机构之间进行临时资金融通的市场。同业拆借的资金主要用于弥补短缺资金的不足及票据清算的差额，解决临时性的资金短缺需求。

3. 汇票：是由出票人签发的，委托付款人在见票时或者在约定的付款期无条件支付一定金额的书面凭证。汇票有三方基本当事人，即出票人、付款人和受款人。

4. 本票：是出票人签发的，委托办理支票存款业务的银行或其他金融机构，见票时无条件地即期支付一定款项给持票人或受款人的票据。

5. 承兑汇票：承兑是承兑人对收款人的一种无条件支付票款的保证。在商品交易中，售货人向购货人索款而签发的汇票，经付款人承诺还本付息并签章后，就成为承兑汇票。

6. 资金拆借：拆借双方协商后，由拆入机构出具“借据”交给拆出机构，拆出机构核对无误后划拨资金的一种工具。

7. 票据：是指由出票人签发，无条件约定自己或委托付款人在见票时或指定日期支付一定金额，可流通转让的有价证券。

8. 背书：是指将票据权利转让给他人的行为。背书人需要在汇票背面签名或黏附于汇票背面的黏单上签章。

9. 贴现：是指持票人为取得现款，将未到期的已承兑票据向银行做票据转让的行为，并贴付自贴现日至汇票到期日的利息。

10. 转贴现：是指商业银行或其他金融机构将其持有的未到期的银行承兑汇票在二级市场上出售，转让给其他金融机构的行为。

11. 再贴现：是指商业银行或其他金融机构，以其持有的未到期的银行承兑汇票向中央银行再次贴现的票据转让行为，是中央银行对商业银行和其他金融机构融通资金的一种形式。

12. 大额可转让定期存单：是银行发行的有固定面额、可转让流通的存款凭证。存单上印有票面金额、存入日、到期日和利息等，到期后按票面金额和规定利率提取本息，过期不再计息。

13. 回购协议：是指证券出售时，卖家与买家签订协议，约定在一定期限后按原定价格或约定的价格赎回所卖的证券，回购协议的期限从 1 日到数月不等。

14. 国库券：是政府部门以债务人身份承担到期偿付本息责任的期限在 1 年以内的

债务凭证。

（二）判断正误

1. ×（M_1）
2. ×（柜台市场）
3. √
4. √
5. ×（大型商业银行）
6. √
7. ×（拆入利率小于拆出利率）
8. √
9. √
10. ×（三个当事人，还包括付款人）
11. √
12. ×（前者从资金需求者的角度出发，后者从资金供给者的角度出发）
13. ×（需求者）
14. √
15. √
16. ×（强化了负债管理理念）

（三）单项选择题

1. B	2. D	3. C	4. B	5. A
6. B	7. D	8. A	9. C	10. D

（四）多项选择题

1. ABCD	2. ABCDE	3. BCDE	4. ABCDE	5. ABDE
6. ABCDE	7. BDE	8. ABCE	9. ABCD	10. ABDE
11. ABCD	12. BCD			

（五）连线题

1I	2G	3F	4J	5C
6B	7E	8H	9A	10D

五、相关案例分析

上海银行间同业拆借市场十年的探索与实践

为推进利率市场化改革，健全市场化利率形成和传导机制，培育货币市场基准利率，中国人民银行于2007年正式推出了上海银行间同业拆借利率（Shibor）。十年来，在有关各方的共同努力下，Shibor已经成长为我国认可度较高、应用较广泛的货币市场基准利率之一。

首先，Shibor基准性明显提升，比较有效地反映了市场流动性松紧。短端Shibor与拆借、回购交易利率的相关性均在80%以上，并维持较窄价差，其中隔夜Shibor与隔夜拆借、回购交易利率的相关性高达98%；中长端Shibor得益于同业存单市场的发展壮大，基准性也有显著增加，Shibor 3M与3个月同业存单发行利率的相关系数高达95%。

其次，Shibor产品创新取得进展，应用范围不断扩大。目前Shibor已被应用于货币、债券、衍生品等各个层次的金融产品定价，部分商业银行也依托Shibor建立了较完善的内部转移定价（FTP）机制，金融体系内以Shibor为基准的定价模式已较为普遍。

最后，Shibor与实体经济联系日趋紧密，越来越多地发挥了传导货币政策和优化资源配置的作用。通过Shibor挂钩理财产品、Shibor浮息债、非金融企业参与的Shibor利率互换交易等渠道，Shibor较好地将货币政策信号传导至实体经济，并随着直接融资比重提升和多层次资本市场的建立完善，进一步发挥优化资源配置的作用。

Shibor的创设借鉴了伦敦银行间同业拆借利率（LIBOR）等国际基准利率。2012年以来，由于国际金融危机后无担保拆借市场规模有所下降，以及部分报价行操纵LIBOR报价案件等原因，国际社会开始着手改革以LIBOR为代表的金融市场基准利率体系。

2017年7月，英国金融行为管理局（FCA）宣布将从2021年起不再强制要求LIBOR报价行开展报价，届时LIBOR可能不复存在，未来英国将逐步转向基于实际交易数据的SONIA（英镑隔夜平均利率）作为英镑市场基准利率。

另有一些国家和地区的中央银行（如欧洲中央银行、日本中央银行）采取了更加中性、多元的做法：一方面研究引入基于实际交易数据的无风险利率，丰富市场基准利率体系，允许存在多个基准利率；另一方面改革Euribor、Tibor等基于报价的基准利率，引入瀑布法等混合方法，提高银行间拆借利率（IBOR）报价的可靠性和基准性。

比较而言，Shibor在报价和计算方法上与LIBOR类似，但在制度安排上更加注重与中国实际相结合，具有较为明显的特点。

一是更加注重报价监督管理。围绕全国银行间同业拆借中心（以下简称交易中心）等核心基础设施打造的统一集中的银行间市场，是我国相比于国际上其他场外市场的独特优势。在中国人民银行的指导下，交易中心作为Shibor指定发布人，充分发挥其优势，密切监测 Shibor 走势与报价情况，督促报价行提高报价质量。2013 年，人民银行指导建立市场利率定价自律机制（以下简称自律机制），并专门下设 Shibor 工作组，进一步加强对 Shibor 报价的监督管理。

二是始终强调报价成交义务。鼓励报价行以真实交易为定价基础，并引入报价考核机制，按年对报价行予以考核并施行优胜劣汰，有效发挥激励约束机制的作用。

三是交易基础支撑不断拓展。2007 年至 2016 年，我国拆借市场交易量年均增幅达 28% 左右。2013 年推出同业存单以来，同业存单市场发展迅速，且均以 Shibor 作为定价基准。随着我国金融市场向纵深发展，Shibor 的交易基础不断拓展和夯实。

四是报价形成机制持续优化。2012 年，Shibor 报价行由 16 家增加至 18 家，并调整计算方式，由剔除最高、最低各 2 家报价调整为各剔除 4 家，进一步扩大了 Shibor 的代表性。同时，优化调整报价发布时间，使 Shibor 更好地反映市场利率变化，增强其基准性和公信力。

Shibor 是我国基准利率体系的重要组成部分，Shibor 的培育与发展关系到进一步推进利率市场化改革，也关系到各层次金融市场体系建设。人民银行将组织自律机制和交易中心，认真总结 Shibor 运行十年来的经验，密切关注 LIBOR 等国际货币市场基准利率改革动向，进一步做好基准利率培育和完善工作。

一是加强 Shibor 报价行在市场自律方面的表率作用，引导报价行继续加强财务硬约束，根据实际交易、资金成本以及市场供求等因素合理定价。

二是进一步完善报价和考核机制，使报价利率与交易利率更为紧密结合。

三是继续开展 Shibor 产品创新，有序扩大其应用范围，加强市场建设，稳步提升 Shibor 的代表性。

四是进一步发挥好 Shibor 的货币市场基准利率作用，为货币政策传导和推动利率市场化改革创造有利条件。

案例讨论

同业拆借市场在一国金融体系中有什么作用？

案例分析

1. 同业拆借市场的存在加强了金融机构资产的流动性，保障了金融机构运行的安全。流动性风险是金融机构经营过程中的主要风险，由于同业拆借市场的存在，金融机构可以比较方便快捷地获得短期资金的融通，满足金融机构对流动性的需求，并且无须以低价出售其资产作为代价。

2. 同业拆借市场的存在有利于金融机构提高其盈利水平。一方面，金融机构通过同业拆借市场将暂时盈余的资金拆借出去，获得利息收入，减少资金的闲置，增加资产的盈利水平。另一方面，由于同业拆借市场的存在，金融机构可以更有效地运用资金，增加盈利性资产的配置，提高盈利水平。

3. 同业拆借市场是中央银行实施货币政策的重要载体。中央银行可以通过调整法定存款准备金率，以调节同业拆借市场利率，进而带动其他利率变动，控制商业银行的信贷规模。同业拆借市场利率成为中央银行货币调控政策的重要指标。

4. 同业拆借利率被视为基础利率，反映了社会资金的供求状况。同业拆借市场利率反映社会资金供求状况，对宏观经济起着重要的作用。有些国家将同业拆借市场利率作为货币调控的观测指标，各金融机构的存贷款利率也都是在同业拆借市场利率的基础上确定的。

案例参考资料

《上海银行间同业拆借市场十年的探索与实践》，载搜狐网，2017－11－22，https://www.sohu.com/a/205968876_561011。

第四章　债券市场

一、学习提要

1. 债券是政府、金融机构、工商企业等机构直接向社会借债筹措资金时，向投资者发行，并且承诺按一定的利率支付利息并按约定条件偿还本金的债权债务凭证。债券具有法律效力。债券购买者与发行者之间是一种债权债务关系。

2. 债券市场是发行和买卖债券的场所，是一种资金短缺者与资金盈余者直接融资的市场，不用依赖银行等金融机构的信用中介。

3. 债券与股票一样，都是资本市场上的筹资工具，但二者也有区别，主要表现在发行主体不同；发行人与持有者的关系不同；期限不同；价格的稳定性不同；风险程度不同；会计处理不同。

4. 债券因发行主体、期限、利率及用途等不同，可从不同角度划分为不同的种类，并随着人们对融资需要的多元化，不断有新的债券形式产生。

5. 债券市场的交易包括债券发行市场和债券流通市场两方面的交易。债券发行市场也称为债券一级市场，它是将新发行的债券从发行者的手中转移到初始投资者手中的市场。债券发行市场，增加了债券市场的容量，为筹资者和投资者提供了资金流通的场所。债券流通市场是指已发行债券买卖、转让、流通的场所。与债券发行市场相比，债券流通市场只代表债券债权的转移，并不创造新的实际资产或金融资产，也不代表社会总资本存量的增加。

6. 债券的发行方式，按其发行方式和认购对象，可分为私募发行与公募发行；按其有无中介机构协助发行，可分为直接发行与间接发行。

7. 债券的承销过程主要包括三个要素：债券的发行定价、债券的承销和相关承销成本的分配。承销商承销债券的方式主要有三种，即代销方式、余额包销方式和全额包销方式，分别简称为推销、助销和包销。

8. 债券流通市场主要是由证券交易所市场和柜台交易市场两部分组成。证券交易所交易又称为场内交易或上市交易，而柜台交易又称为场外交易。不论是在证券交易所内交易还是场外交易，最主要的交易方式就是委托经纪人代理买卖和交易商自营买卖。债券流通市场上的交易形式主要有现货交易、期货交易、期权交易和回购协议等。

9. 债券价值是债券投资决策使用的主要指标之一。债券的价格依赖于两个因素：

一是预期未来的现金流，二是贴现利率。

10. 1962 年，麦尔齐最早系统地提出了债券定价的五个原理。至今，这五个原理仍然被视为债券定价理论的经典。定理一：债券的价格与债券的收益率呈反向变动关系。定理二：当债券的收益率不变，即债券的息票率与收益率之间的差额固定不变时，债券的到期时间与债券价格的波动幅度之间成正比关系。定理三：随着债券到期时间的临近，债券价格的波动幅度减少，并且是以递增的速度减少；反之，到期时间越长，债券价格波动幅度增加，并且是以递减的速度增加。定理四：对于期限既定的债券，由收益率下降导致的债券价格上升的幅度大于同等幅度的收益率上升导致的债券价格下降的幅度。定理五：对于期限给定的收益率变动幅度，债券的息票率与债券价格的波动幅度之间成反比关系。

11. 债券收益除利息收入外，还包括买卖盈亏差价。衡量债券收益率的指标主要有到期收益率和持有期收益率。到期收益率是使一种债券或其他金融资产的购买价格等于其预期的年净现金流（收入）的现值的比率。如果债券的购买者只持有债券一段时间，并在到期日前将其出售，那么就出现了持有期收益率。

12. 国债作为中央政府债券，指的是中央政府以债务人的身份、以国家信用为担保发行的债券，具有自愿性、社会性、金融性等特点。

13. 按期限长短，国债可分为短期国债、中期国债和长期国债。各个国家确定短期国债、中期国债、长期国债的期限略有不同。

14. 目前，全世界已有多个国家发行地方政府债券。美国的市政债券代表着分权制国家的地方债券市场制度，日本的地方政府债券则代表了集权制国家的地方债券市场制度。我国地方政府债券的发行经历了严禁地方债券发行、财政部代发地方债、地方政府“自发代还”和地方政府“自发自还”四个时期。

二、重点内容导读

（一）债券的内涵

作为债权债务凭证，债券通常注明五个基本要素：

1. 债券的票面金额。不同的票面金额会影响债券的发行。另外，债券还会规定票面金额的币种。

2. 债券的票面利率。债券的票面利率一般标注为年利率。债券发行人确定债券票面利率，主要考虑借贷市场的利率水平、筹资者的资信、债券偿还期限长短、债券溢价发行还是折价发行等因素。

3. 债券的偿还期限。债券根据偿还期限不同可以分为短期债券、中期债券、长期债券。债券发行人确定债券偿还期限，主要考虑对资金需求的时限、未来市场利率的变化趋势和未来融资便利程度等因素。

4. 债券的发行人。债券的发行人是债券利息和本金偿还的义务主体。不同债券发行人的资信状况差别极大，会对债券价值产生很大影响。

5. 债券作为投资者向政府、公司或金融机构提供资金的债权债务合同，有时还包括以下要素：税前支付利息、求偿等级、期限性条款、抵押与担保及选择权（如赎回与转换条款）。

（二）债券市场的特征

债券作为一种重要的融资手段和金融工具，具有如下特征：

1. 安全性。与股票相比，债券通常有固定的利率，与企业绩效没有直接联系，收益比较稳定，风险较小。此外，在企业破产时，债券持有者享有优先于股票持有者对企业剩余资产的索取权。

2. 收益性。债券的收益性主要体现在两个方面：一是投资债券可以给投资者定期或不定期地带来利息收入；二是投资者可以利用债券价格的变动，买卖债券赚取差额。

3. 偿还性。由于债券体现的是债权人与发行人之间的借贷关系，债券一般都可以在流通市场上自由转让，具有很强的流动性，而这种流动性受所在国债券市场的发达程度、债券发行人的资信、债券期限长短以及利息支付方式等因素的影响。

（三）债券的种类

目前，债券的种类主要有：

1. 按发行主体不同划分为政府债券、金融债券、企业（或公司）债券。

2. 按本金偿还方式不同划分为到期还本债券、偿债基金债券、分期偿还债券、通知偿还债券。

3. 按利息支付方式不同划分为一般付息债券、分期付息债券、折扣债券、贴水债券。

4. 按还本期限的长短划分为短期债券、中期债券、长期债券。

5. 按有否抵押或担保划分为信用债券和抵押债券。

6. 按是否记名划分为记名债券和无记名债券。

7. 按发行地域划分为国内债券、外国债券和欧洲债券。

8. 其他分类。按债券利率浮动与否，可分为固定利率债券、浮动利率债券、受益公司债券。按发行方式不同，分为公募债券、私募债券、直接发行债券和间接发行债券。

（四）债券估价的含义及影响因素

债券的价格又称为债券的内在价值，它等于未来现金流的现值之和，即等于来自债券的预期货币收入的现值。投资者购买债券，可以获得稳定的利息收入并在到期时收回本金，但也要付出一定的成本，这就是购买价格。作为一种投资，现金流出是购买价格，现金流入是利息和归还的本金，或出售债券时得到的现金。债券未来现金流入的现值，称为债券价格或债券的内在价值。如果不考虑风险问题，若债券的价值大于其市价（购买价格），才值得购买。债券价值是债券投资决策使用的主要指标之一。债券的价格依赖于两个因素：一是预期未来的现金流，即周期性支付的利息和到期偿还的本金。二是贴现利率，即投资者要求的收益率，它反映了货币的时间价值和债券的风险。贴现利率也是机会成本，即从相同期限和相同信用等级的可比债券中能够获得的当前市场利率。

影响债券价值的因素包括：

1. 到期时间。当其他条件完全一致时，债券的到期时间越长，债券价格的波动幅度就越大。

2. 息票率。债券的到期时间决定了债券的投资者取得未来现金流的时间，而息票率决定了未来现金流的大小。在其他属性不变的条件下，债券的息票率越低，债券价格的波动幅度越大。

3. 可赎回条款。可赎回条款的存在，降低了该类债券的内在价值，并且降低了投资者的实际收益率。并且，息票率越高，发行人行使赎回权的概率越大，即投资债券的实际收益率与债券承诺的收益率之间的差额越大。

4. 税收待遇。在不同的国家，由于实行的法律不同，不仅不同种类的债券可能享受不同的税收待遇，而且同种债券在不同的国家也可能享受不同的税收待遇。债券的税收待遇的关键，在于债券的利息收入是否需要纳税。享受免税待遇的债券的内在价值一般略高于没有免税待遇的债券。

5. 流通性。买卖差价较小的债券流动性比较高；反之，流动性较低。债券的流动性与债券的内在价值呈正向关系。

6. 发债主体的信用程度。发债者资信程度高的，其债券的风险就小，投资者要求的收益率就低，因而其债券价格就高；而资信程度低的，其债券价格就低。

三、习题

（一）名词解释

1. 债券
2. 政府债券
3. 企业债券
4. 金融债券
5. 现货交易
6. 期货交易
7. 期权交易
8. 到期收益率
9. 持有期收益率

（二）判断正误

1. 采用债券代销这种发行方式，承销商要承担全部发行失败的风险，但可以保证发行人及时筹得所需资金。（　　）

2. 当债券的收益率不变时，债券的到期时间与债券价格的波动幅度之间呈正向关系。（　　）

3. 一般而言，债券私募发行多采用间接发行方式。（　　）

4. 贴水债券是指按低于债券面额的价格发行而到期按面额偿还的债券。（　　）

5. 在债券市场上，相对于其他条件相同的债券，国债的价格一般要低于金融债券。（　　）

6. 买卖差价较小的债券流动性比较高；反之，流动性较低。（　　）

7. 回购协议实质上是一种短期的资金借贷融通。这种交易对卖方来讲，实际上是卖现货买期货，对买方来讲，是买现货卖期货。（　　）

8. 对于债券收益率的衡量指标只有到期收益率。（　　）

9. 协议包销是指发行人与一个单独承销商签订包销协议，由其独立包销发行人待发行的全部债券。（　　）

10. 债券的现货交易是指现金交易，一手交钱一手交货。（　　）

11. 违约风险越高，投资收益率也应该越高。（　　）

12. 附息债券是债券市场中最普遍、最具有代表性的债券。（　　）

（三）单项选择题

1. 目前在国际市场上较多采用的债券全额包销方式为（　　）。

A. 协议包销　　B. 俱乐部包销

C. 银团包销　　D. 委托包销

2. 大多数债券发行者采用的是（　　）的债券承销方式。

A. 债券代销　　B. 债券余额包销

C. 债券助销　　D. 债券全额包销

3. 对于信誉高或者十分走俏的债券一般采用（　　）的债券承销方式。

A. 债券代销　　B. 债券余额包销

C. 债券助销　　D. 债券全额包销

4. 债券发行人委托中介机构承购推销属于（　　）。

A. 私募发行　　B. 公募发行

C. 间接发行　　D. 直接发行

5. 与股票相比，下列各项中（　　）不是债券的特征。

A. 固定的利率　　B. 与企业绩效直接关联

C. 收益比较稳定　　D. 风险较小

6. 按（　　）不同，可将债券划分为到期还本债券、偿债基金债券、分期偿还债券和可赎回债券。

A. 发行主体　　B. 本金偿还方式
C. 利息支付方式　　D. 还本期限的长短

7. 投资者根据所选用的交易方式开立不同的账户，若采用信用交易方式则开立（　　）。

A. 现金账户　　B. 信用账户
C. 保证金账户　　D. 风险账户

8. 债券在证券交易所的交易采取公开竞价方式，对于买卖双方而言是一种（　　）竞价。

A. 买者之间的竞争　　B. 卖者之间的竞争
C. 市场收益竞争　　D. 双向竞争

9. 经纪人在交易所进行交易时，必须遵循（　　）原则。

A. "价格优先" 和 "时间优先"　　B. "账户优先" 和 "时间优先"
C. "价格优先" 和 "资金优先"　　D. "时间优先" 和 "价格优先"

10. 在西方国家，大部分公司债券都是在（　　）交易。

A. 一级市场　　B. 证券交易所
C. 信用交易市场　　D. 场外

（四）多项选择题

1. 债券的现货交易是指（　　）。

A. 现金交易　　B. 不完全是现金交易
C. 要即时交割　　D. 可以次日交割
E. 可以即日交割

2. 债券因筹资主体的不同而有许多品种，但都包含（　　）基本要素。

A. 债券面值　　B. 债券价格
C. 债券利率　　D. 债券偿还期限
E. 债券发行人

3. 确定债券的发行利率主要依据（　　）。

A. 债券的期限　　B. 借贷市场的利率水平
C. 国内外金融形势　　D. 筹资者的资信
E. 溢价还是折价发行方式

4. 影响债券价值的因素是（　　）。

A. 到期时间　　B. 息票率
C. 可赎回条款　　D. 流通性
E. 税收待遇

5. 在证券交易所内的交易中，买卖债券的准备阶段所要经历的环节包括（　　）。
A. 联系证券经纪人　　B. 传递指令
C. 开户　　D. 委托
E. 开价
6. 在证券交易所内的交易中，买卖债券的成交阶段所要经历的环节包括（　　）。
A. 传递指令　　B. 买卖成交
C. 确认公布　　D. 支付佣金
E. 清算交割
7. 自营买卖与代理买卖债券相比，缺少（　　）环节。
A. 开户　　B. 委托
C. 传递指令　　D. 支付佣金
E. 违约
8. 债券流通市场上的交易形式主要有（　　）。
A. 发行协议　　B. 现货交易
C. 期货交易　　D. 期权交易
E. 回购协议
9. 下列各项中关于债券的期货交易描述正确的是（　　）。
A. 其交易过程分为预约成交和定期交割两个步骤
B. 市场表现活跃，流动性好
C. 可以回避风险、转嫁风险，实现债券的套期保值
D. 对冲交易多而实际交割少
E. 是一种投机交易且要承担较大风险
10. 以下债券的承销方式中，需要由承销商承担全部发行风险的是（　　）。
A. 银团包销　　B. 债券余额包销
C. 债券全额包销　　D. 俱乐部包销
E. 协议包销
11. 债券发行人确定债券偿还期限，主要取决于（　　）。
A. 资金需求的时限　　B. 市场利率的变化趋势
C. 未来融资便利程度　　D. 债券市场的供给情况
E. 是否债券余额包销
12. 与私募发行相比，债券公募发行的特点包括（　　）。
A. 可以提高发行者的知名度和信用度　　B. 受投资者制约较多
C. 发行的债券可以上市转让流通　　D. 发行范围广泛
E. 发行者和投资者完全处于平等竞争、公平选择的地位

（五）连线题（找出每个词汇的正确含义，并用实线连接）

词汇	含义
1. 国债	A. 是由银行或非银行金融机构发行的债券
2. 债券的票面金额	B. 是一种债权债务凭证
3. 公募发行	C. 价格只与每年支付的利息额和市场利率有关
4. 永久债券	D. 是政府发行并负责还本付息的凭证
5. 债券	E. 即借款的本金，是债券发行人承诺在债券到期日还给债券持有人的金额
6. 贴现债券	F. 具有自愿性、社会性、金融性等特点
7. 私募发行	G. 多采用间接发行方式
8. 金融债券	H. 是指按低于债券面额的价格发行而到期时按面额偿还的债券
9. 贴水债券	I. 多采用直接发行方式
10. 政府债券	J. 是指实际利率因某种原因得到贴补而高于名义利率的债券

四、习题参考答案

（一）名词解释

1. 债券：是指政府、工商企业、金融机构等直接向社会借债筹措资金时，向投资者发行，并且承诺按一定的利率支付利息并按约定条件偿还本金的债权债务凭证。

2. 政府债券：是指由政府发行并负责还本付息的债券，包括中央政府债券和地方政府债券。

3. 企业债券：是指由企业发行并负责还本付息的债券。

4. 金融债券：是指由银行或其他金融机构发行，并负责还本付息的债券。

5. 现货交易：是指交易达成后双方立即交割，或在极短的期限内交割的交易方式。

6. 期货交易：是指交易双方在成交后按照期货协议规定条件远期交割的交易方式，其交易过程分为预约成交和定期交割两个步骤。

7. 期权交易：又称为选择权交易，是投资者在给付一定的期权费后，取得的一种可按约定价格在规定期限内买进或卖出一定数量金融资产或商品的权利。

8. 到期收益率：是使一种债券或其他金融资产的购买价格等于其预期的年净现金流（收入）的现值的比率。

9. 持有期收益率：债券购买者只持有债券一段时间，并在到期日前将其出售，其间获得的收益率就是持有期收益率。

（二）判断正误

1. ×（全额包销）

2. √
3. ×（直接发行）
4. ×（折扣债券或贴现债券）
5. ×（高于）
6. √
7. √
8. ×（还有持有期收益率）
9. √
10. ×（不完全是现金交易）
11. √
12. √

（三）单项选择题

1. C	2. B	3. A	4. C	5. B
6. B	7. C	8. D	9. A	10. D

（四）多项选择题

1. BDE	2. ACDE	3. ABDE	4. ABCDE	5. ACD
6. ABC	7. BCD	8. BCDE	9. ABCDE	10. ACDE
11. ABC	12. ACDE			

（五）连线题

1F	2E	3G	4C	5B
6H	7I	8A	9J	10D

五、相关案例分析

企业债券投资的风险

投资企业债券会不会遇到违约？该如何处置？投资者又该怎么办？我们不妨来看一则中国证监会投资者保护局、公司债券监管部提供的案例。

E公司于2012年4月发行了4.8亿元的公司债（以下简称“12E债”），存续期为5年、附第3年末投资者回售选择权，发行利率为6.78%，每年的4月×日为债券付息日。2015年4月，因公司无法按时、足额筹集资金用于偿付“12E债”本期债券应付利息及回售款项，构成对本期债券的实质违约。

E公司于2009年11月在交易所上市，实际控制人为M。公司原主营业务为高档餐饮业，是国内第一家在A股上市的民营餐饮企业，后经多次转型，主营业务涉及餐饮服务与管理、环保科技、网络新媒体及大数据处理。2012年4月，公司发行了4.8亿元存续期为5年、附第3年（2015年4月）末发行人上调票面利率选择权及投资者回售选择权的公司债券，发行利率为6.78%，每年的4月×日为债券付息日。

公司2013年全年亏损5.64亿元，2014年上半年亏损659万元，经营风险增大，业务转型困难，并存在业绩真实性等质疑。2014年10月，P资信公司披露对“12E债”的不定期跟踪评级报告，将其主体及债项评级均由A下调至BBB，触发交易所风险警示条件。交易所于10月×日对债券进行停牌处理，并于复牌后实行风险警示处理，债券更名为“STE债”。2015年4月，因公司无法按时、足额筹集资金用于偿付“12E债”本期债券应付利息及回售款项，构成对本期债券的实质违约。因公司2013年、2014年净利润分别为－5.6亿元、－6.8亿元，连续两年亏损，“STE债”于2015年6月暂停上市。

公司于2015年6月启动债务重组有关事项。因涉及相关利益方较多，涉及相关法律法规复杂，公司需同相关各方多次沟通协调。通过2015年下半年公司重大资产出售和债务重组，公司完成“12E债”债券兑付资金的筹集工作，2016年3月×日，偿债资金划入结算公司分公司的指定银行账户，结算公司已于2016年3月×日完成派发工作。其中，本金为2.92亿元，利息为353万元，违约金为1722.95万元，合计3.13亿元。至此，“12E债”违约事件处置完毕。

案例讨论

投资企业债券是不是就非常安全？会不会遇到违约？投资者应该具备什么样的风险意识？

案例分析

这则案例给投资者两点启示：一是“12E债”的违约风险爆发离不开上市公司主营业务经营环境的巨大变化以及转型新业务的不顺利，若投资者在项目投资过程中能对行业的发展趋势进行准确的预判，预先采取行动规避风险，就能减少损失。二是“12E债”违约事件是我国资本市场首例公募债券本金违约案例，是“11C债”违约事件后的又一案例，再次打破了刚性兑付的预期，揭示了债券投资天然信用风险的属性。

案例参考资料

搜狐财经，2017年12月29日，http：//www.sohu.com/a/213620548_732495。

第五章　股票市场

一、学习提要

1. 股份的发行实行公平、公正的原则，同种类的每一股份享有同等权利。股票实质上代表了股东对股份公司净资产的所有权，股东凭借股票可以获得股息和红利，参加股东大会并行使自己的权利，同时也承担相应的责任与风险。

2. 按股票市场的结构层次，即按股票进入市场的顺序而形成的结构关系划分，股票市场的构成可分为一级市场和二级市场。

3. 股票一级市场的作用主要表现在三个方面：（1）为资金需求者提供筹措资金的渠道。（2）为资金供应者提供投资的机会，实现储蓄向投资的转化。（3）促进资源配置的不断优化和经济发展。

4. 一级市场与二级市场相互依存、相互制约，是一个不可分割的整体。股票一级市场是二级市场的基础和前提，交易市场是股票得以持续扩大发行的必要条件。股票的交易价格制约和影响着发行价格，是股票发行时需要考虑的因素。

5. 股票二级市场的主要功能是通过交易使股票具有较好的流动性和变现能力，还有一个重要功能就是宏观经济调节功能。

6. 证券发行制度主要有两种：一是注册制，以美国为代表；二是核准制，以欧洲各国为代表。我国目前采用核准制。

7. 股票的发行价格是指发售新股票时的实际价格。股票因发行目的不同、对象不同、发行方式不同以及股票种类不同，实际发行价格也各不相同。

8. 股票的发行方式即股票经销出售的方式。由于各国的金融市场管制不同，金融体系结构和金融市场结构不同，股票发行方式也有差异。

9. 股票上市是连接股票发行和股票交易的“桥梁”。在我国，股票公开发行后即获得上市资格。

10. 股票流通市场的组织形式可以分为两种：场内交易和场外交易。目前在世界各个国家和地区，大部分股票的流通转让交易都是在证券交易所内进行的，因此，证券交易所是股票流通市场的核心，场内交易是股票流通的主要组织形式。

11. 进行股票买卖的方法和形式称为交易方式，是股票流通交易的基本要素。现代股票流通市场上的买卖交易方式种类繁多。

12. 股票作为一种特殊的商品也有其内在价值和外在价格。其内在价值表现为股票所能给投资者带来的未来收益。以内在价值为基础，投资者和融资者在具体的市场环境下通过交易博弈最终形成股票的市场价格。

13. 股票主要有两种基本价格：一是发行价格，二是流通价格。一般所讲的股票价格都是指股票在流通市场上的转让价格。从股票的本质上讲，形成股票价格的基础，是股票的价值或其所代表的所有者权益（公司资产净值）。但对于股票认购者来讲，是否投资股票，将取决于认购者对股票预期股息收益与当前市场利率的比较。这样，股票行市的形成就主要取决于两个因素：一个是预期股息收益，另一个是市场利率。股票行市与预期股息收益成正比，而与市场利率成反比。

14. 股票价格指数的功能包括：（1）基准功能。这主要体现在三个方面：第一，描述股票市场趋势，反映国民经济发展状况。第二，为投资者衡量投资收益和风险提供基准。第三，为不同细分市场的投资配置与选择提供基准。（2）投资功能。股价指数的投资功能体现在两个方面：第一，作为指数化投资工具的基础。第二，作为金融衍生工具的投资标的。

15. 国际上最具影响力和代表性的股票价格指数有道·琼斯股价平均数、金融时报指数、标准普尔 500 指数、日经 255 股价指数、纳斯达克（NASDAQ）指数。

二、重点内容导读

（一）股票一级市场的构成

股票一级市场由股票发行人、股票投资者和股票中介机构三部分组成。股票发行人是资金需求者和股票供应者，股票投资者是资金供应者和股票需求者，股票中介机构则是联系发行人和投资者的专业性中介服务组织。

1. 股票发行人。在市场经济条件下，资金需求者筹集外部资金主要通过两条途径：间接融资和直接融资。随着市场经济的发展，发行股票已成为资金需求者重要的筹资手段。

2. 股票投资者。股票投资者是指以取得股息或资本收益为目的而购买股票的机构和个人。股票发行市场上的投资者包括个人投资者和机构投资者，后者主要是证券公司、商业银行、保险公司、社保基金、证券投资基金、信托投资公司、企业和事业法人及社会团体等。

3. 股票中介机构。在股票发行市场上，中介机构主要包括证券公司、证券登记结算机构、会计师事务所、律师事务所、资信评级公司、资产评估事务所等为股票发行与投资服务的中立机构。它们是股票发行人和投资者之间的中介，在股票发行市场上占有重要地位。

（二）股票二级市场的构成

与股票一级市场相比，股票二级市场的参与者较为复杂。在场内交易与场外交易的不同组织方式中，参与者也有所不同。场内交易的直接参与者必须是交易所的会员。其可以是股票经纪人或专业经纪人，也可以是证券商。而真正的股票买卖双方一般不能进入交易所进行直接交易，只能委托证券商或经纪人代为买卖。场外交易的参与者主要有三类：(1) 证券商，它们是专门从事有价证券发行和买卖的机构，各个国家和地区有不同的名称，如美国称为投资银行或投资公司，日本称为证券公司，英国叫商人银行等。证券商不仅活跃在发行市场，成为发行者和认购者的中介，而且是流通市场的主要参与者，是证券卖出者和买入者的中介机构。(2) 股票出售者，即出于各种原因把所持有的股票转让出去的参考者。(3) 股票购入者，即愿意买入他人持有的股票的参与者。

（三）股票流通市场的组织形式

股票流通市场的组织形式可以分为两种：场内交易和场外交易。(1) 场内交易。场内交易是指通过证券交易所进行的股票买卖活动。目前在世界各个国家和地区，大部分股票的流通转让交易都是在证券交易所内进行的，因此，证券交易所是股票流通市场的核心，场内交易是股票流通的主要组织形式。(2) 场外交易。凡在证券交易所以外进行股票买卖流通的组织方式统称为场外交易。场外交易有各种形式，不同形式的交易又有不同的市场名称，同一形式在不同国家还有不同的称呼，常见的有非正式市场、自由市场、店头市场或柜台市场、第三市场、第四市场等。

（四）股票的价值

股票是虚拟资本的一种形式。从本质上讲，股票是一个拥有某种所有权的凭证，股票的持有人即股东，不但可以参加股东大会，对股份公司的经营决策施加影响，还享有参与分红与派息的权利，获得相应的经济利益。概括地说，股票的价值主要体现在每股权益比率和对公司成长的预期上。股票的价值可以从以下角度进行考量。

1. 股票的票面价值又称为面值，即在股票票面上标明的金额。该种股票被称为有面额股票。股票的票面价值在初次发行时有一定的参考意义。

2. 股票的账面价值又称为股票净值或每股净资产，在没有优先股的条件下，每股账面价值等于公司净资产除以发行在外的普通股票的股数。股票账面价值的高低对股票交易价格有重要影响，但是，通常情况下，股票账面价值并不等于股票的市场价格。

3. 股票的清算价值是公司清算时每一股份所代表的实际价值。从理论上说，股票的清算价值应与账面价值一致，但实际上并非如此。只有当清算时公司资产实际出售价款与财务报表上的账面价值一致时，每一股份的清算价值才与账面价值一致。

4. 股票的内在价值即理论价值，也即股票未来收益的现值。股票的内在价值决定股票的市场价格，股票的市场价格总是围绕其内在价值波动。

（五）股票的价格

股票价格又称股票行市。股票主要有两种基本价格：一是发行价格，二是流通价格。影响这两种价格变化的因素是不完全相同的。一般所讲的股票价格都是指股票在流通市场上的转让价格，因为最能反映股票特性和投资者最关心的就是股票的转让价格。从股票的本质上讲，形成股票价格的基础，是股票的价值或其所代表的所有者权益（公司资产净值）。股票行市的最大特点是波动性较强，有时可能会出现暴涨或暴跌的现象。股票行市的形成主要取决于两个因素：一个是预期股息收益，另一个是市场利率。股票行市与预期股息收益成正比，与市场利率成反比。用一个非恒等、非规范的公式来表示就是：

股票行市 = 预期股息收益/ 市场利率

该公式表明：在预期股息收益一定的情况下，市场利率较高，意味着以同样的本金存入银行可以取得较高的利息收益，要获得同样的收益水平，就得提高预期股息收益水平，在股息收益一定的情况下，只能降低股票价格，以较少的本金购买股票。反之，如果市场利率（包括存款利率）较低，要获得同银行存款一样的收益率，就得降低股息收益率，在股息收益率一定的情况下，就只有提高股票价格，以较多的本金取得与存款同样利息收入的股息收入。当预期股息率高于当前市场利率时，人们就会选择购买股票，从而增加对股票的需求，推动股票价格上涨，反之，就会推动股价下跌。当然，现实生活中的股票价格并不是靠此公式计算出来的，而是随着供求关系的变动而千变万化的。

（六）决定股票价格的主要因素

股票价格的变化或波动，主要受股票供求关系的推动，因而，影响股票供求关系的因素，也就成为影响股票价格变化的因素。尽管在不同时期、不同国家里，影响股票供求关系进而造成股价波动的因素有所不同，但从大的方面来讲，不外乎有以下几个方面。

第一，宏观经济因素。宏观经济发展水平和状况是影响股票价格的重要因素。其对股票价格的影响波及范围广、干扰程度深、作用机制复杂并可能导致股价波动幅度较大。宏观经济因素主要包括经济增长、经济周期、利率、货币供应量、财政政策、投资与消费、物价、国际收支、汇率等因素。

第二，政治因素与自然因素。政治因素及自然因素将最终影响经济和上市公司经营，从而影响股票价格波动。

第三，行业因素。行业因素将影响某一行业中上市公司股票价格的变化，主要包括行业生命周期、行业景气循环等因素。

第四，公司自身因素。公司本身的经营状况及发展前景，直接影响公司股票价格，包括公司利润、股息及红利的分配、股票分割及董事会和主要负责人调整等。

第五，其他因素。主要包括心理因素、证券主管部门的政策调整与限制性规定、股票买卖的投机因素等。

三、习题

（一）名词解释

1. 股票
2. 股票一级市场
3. 股票二级市场
4. 公开发行
5. 非公开发行
6. 股票承销
7. 股票上市
8. 股票价格指数

（二）判断正误

1. 优先股的股利完全随公司盈利的高低而变化。（　　）
2. 场外交易是股票流通的主要组织方式。（　　）
3. 股票二级市场的规模不如股票一级市场，只有一部分股票能上市流通，因而股票二级市场的重要性不如股票一级市场。（　　）
4. 股票一级市场和股票二级市场是相互依存、相互制约，又不可分割的整体，交易市场的交易价格能够制约和影响股票的发行价格。（　　）
5. 第四市场的股票交易主要发生在证券商和机构投资者之间。（　　）
6. 在股市比较发达的国家，股价指数已经成为衡量一国经济的“晴雨表”。（　　）
7. 股票行市与预期股息收益和市场利率成正比。（　　）
8. 一般而言，股价变动要先于经济景气循环一段时间。（　　）
9. 以发起方式设立公司，可以采用公募发行方式发行股票。（　　）
10. 当中央银行放松银根、增加货币供应量时，股价上涨。（　　）
11. 现货交易就是股票成交后按合同中规定的价格、数量，过若干时间再进行交割清算的交易方式。（　　）
12. 竞价买卖是证券交易所中买卖股票的主要方式。（　　）
13. 投资和消费的增长会推动股价上涨。（　　）
14. 一般来讲，股票价格是与经济增长同方向运动的。（　　）
15. 第三市场出现于20世纪60年代的英国，是金融创新的一种结果。（　　）
16. 股票发行市场上的价格是反映经济动向的“晴雨表”。（　　）
17. 一般来说，当一国国际收支出现持续顺差时，就会推动股价上浮。（　　）
18. 所有已发行的股票均可在证券交易所挂牌交易。（　　）

（三）单项选择题

1. 持有者享有股东的基本权利和义务，股利随公司盈利的高低而变化的股票是（　　）。

A. 普通股　　B. 优先股　　C. 国家股　　D. 外资股

2. 有权代表国家投资的部门或机构以国有资产向公司投资形成的股份称为(　　)。

A. 社会公众股　　B. 国家股　　C. 法人股　　D. 优先股

3. 对股价变动的影响最大也最直接的是（　　）。

A. 利率　　B. 汇率　　C. 股息　　D. 物价

4. 不是以股票面值，而是以流通市场上的股票价格为基础确定发行价格的股票发行，称为（　　）。

A. 折价发行　　B. 中间价发行　　C. 平价发行　　D. 市价发行

5. 从股票的本质上讲，形成股票价格的基础是（　　）。

A. 供求关系　　B. 所有者权益

C. 市场利率　　D. 股息收益

6. 系统反映中国香港股票市场行情变动情况的指数是（　　）。

A. 金融时报指数　　B. 标准普尔 500 指数

C. 道·琼斯股价平均数　　D. 恒生指数

7. 世界上最早并享有盛誉的股票价格指数是（　　）。

A. 恒生指数　　B. 标准普尔 500 指数

C. 道·琼斯股价平均数　　D. 金融时报指数

8. 股票行市的形成主要取决于两个因素，即（　　）。

A. 发行价格和市场利率　　B. 流通价格和预期股息收益

C. 预期股息收益和市场利率　　D. 发行价格和流通价格

9.（　　）会对整体股价产生影响，而不会对个别股价产生特别影响。

A. 购买力风险　　B. 企业风险

C. 管理能力　　D. 消费者偏好变化

10. 股票交易的参与者主要是证券商和客户的市场是指（　　）。

A. 第四市场　　B. 议价市场　　C. 公开市场　　D. 店头市场

（四）多项选择题

1. 我国股票市场上常用的一个分类是按投资主体层次和性质分为（　　）。

A. 普通股　　B. 法人股

C. 外资股　　D. 社会公众股

E. 国家股

2. 下列各项中属于股票一级市场作用的是（　　）。
A. 为投资者提供避险途径　B. 为资金供应者提供投资的机会
C. 促进资源配置的不断优化和经济发展　D. 为资金需求者提供筹资渠道
E. 为国际资本进入提供场所

3. 场外交易的参与者包括（　　）。
A. 股票出售者　B. 股票购入者
C. 股票经纪人　D. 证券商
E. 政府

4. 股票一级市场由（　　）构成。
A. 风险规避者　B. 股票中介机构
C. 股票投资者　D. 股票经纪人
E. 股票发行人

5. 影响股票价格的宏观经济因素包括（　　）。
A. 经济增长　B. 股息
C. 利率　D. 物价
E. 汇率

6. 下列各项中（　　）属于股票的发行价格。
A. 市价发行　B. 中间价发行
C. 溢价发行　D. 折价发行
E. 平价发行

7. 第四市场交易形式的优点在于（　　）。
A. 信息灵敏　B. 成交迅速
C. 交易成本低　D. 不冲击股票市场
E. 保守交易秘密

8. 股票通常具有的特点是（　　）。
A. 无偿还期限　B. 代表股东权利
C. 风险性较强　D. 流动性较差
E. 均采取注册制发行

9. 场内交易的参与者是（　　）。
A. 股票出售者　B. 股票经纪人
C. 专业经纪人　D. 证券商
E. 交易所会员

10. 影响股票价格的公司自身因素有（　　）。
A. 利润因素　B. 重大人事变动因素
C. 股息、红利因素　D. 股票分割因素
E. 股票投机因素

（五）连线题（找出每个词汇的正确含义，并用实线连接）

词汇	含义
1. 股票发行人	A. 是股票公开发行通常采用的形式
2. 交易市场	B. 是资金的需求者和股票的供应者
3. 股票投资者	C. 从根本上决定着股利支付的多少和股票价格的变化
4. 股票交易价格	D. 是股票得以持续扩大发行的必要条件
5. 公司的盈利能力	E. 是反映经济动向的“晴雨表”
6. 证券交易所	F. 是股票流通市场的核心
7. 场内交易	G. 最能反映股票特性和投资者最关心的
8. 股票的转让价格	H. 是资金的供应者和股票的需求者
9. 股票中介机构	I. 是股票流通的主要组织形式
10. 市价发行	J. 是联系发行人和投资者的专业性中介服务组织

四、习题参考答案

（一）名词解释

1. 股票：是股份有限公司签发的证明股东所持股份的凭证。

2. 股票一级市场：又称发行市场或初级市场，是发行人以筹集资金为目的，按照一定的法律规定和发行程序，向投资者发行新股票所形成的市场。

3. 股票二级市场：又称股票交易市场、流通市场或次级市场，是已发行的股票通过买卖交易实现流通转让的市场。

4. 公开发行：又称公募，是指事先不确定特定的发行对象，而是向社会广大投资者公开推销股票的发行方式。

5. 非公开发行：又称私募，是指发行公司只对特定的发行对象推销股票的发行方式，具体包括以发起方式设立公司、内部配股、私人配股等形式。

6. 股票承销：是指证券公司依照协议包销或者代销发行人向社会公开发行的股票的行为。

7. 股票上市：是指已经发行的股票经证券交易所批准后，在交易所公开挂牌交易的法律行为。

8. 股票价格指数：是衡量股票市场总体价格水平及其变动趋势的尺度，也是反映一个国家或地区政治、经济发展状态的灵敏信号。

（二）判断正误

1. ×（普通股）

2. ×（场内交易）
3. ×（二级市场赋予股票以流动性）
4. √
5. ×（机构投资者相互之间）
6. √
7. ×（股票行市与预期股息收益成正比，与市场利率成反比）
8. √
9. ×（私募）
10. √
11. ×（期货交易）
12. √
13. √
14. √
15. ×（美国）
16. ×（流通市场）
17. √
18. ×（有的只能在场外交易）

（三）单项选择题

1. A	2. B	3. A	4. D	5. B
6. D	7. C	8. C	9. A	10. D

（四）多项选择题

1. BCDE	2. BCD	3. ABD	4. BCE	5. ACDE
6. ABDE	7. ABCDE	8. ABC	9. BCDE	10. ABCD

（五）连线题

1 B	2D	3H	4E	5C
6F	7I	8G	9J	10A

五、相关案例分析

股市是宏观经济的晴雨表吗

2001 年 11 月 10 日，美国《财富》杂志发表了《巴菲特谈股市》这一文章。巴菲特在文中重申了股市整体表现长期来说与美国经济整体增长相关，长期来说，过度高估或过度低估的股价肯定会回归于其内在价值。在该文中，巴菲特以翔实的历史数据解释说明了 1899—1998 年的 100 年间美国股市整体走势与 GNP 走势完全相背离的现象。巴菲特的实证研究证明，美国股市长期平均年复合回报率约为7%，但短期投资回报率会因为利率、投资者预期收益率和心理因素的综合作用而不断波动。这也就是格雷厄姆所说的："从短期来看，市场是一台投票机；但从长期来看，它是一台称重机。"

以下是对《巴菲特谈股市》的部分摘录。

美国道·琼斯指数在1964—1998年间的前17年和后17年走势完全不同。

第一个17年：1964年底道·琼斯指数为874.12点，1981年底为875.00点，17年间增长0.1个百分点，几乎原地踏步。

第二个17年：1981年底道·琼斯指数为875.00点，1998年底为9181.43点，17年间上涨近10倍，为典型的令人难以置信的大牛市行情。

美国股市在两个17年间有完全不同的表现，原因何在呢？

专业人士想到的原因是GNP的波动导致股市相应波动，也就是经济学和金融学教科书上通常所说的"股市是宏观经济的晴雨表"。

但事实并非如此。这一现象无法单纯以美国宏观经济的波动来解释：1964—1998年间美国股市整体走势与GNP走势完全相背离。在股市低迷的第一个17年间，美国GNP增长率为373%，而在第二个17年的大牛市期间，美国GNP增长率只有177%，二者相差一倍多。

那么，究竟是什么原因造成股市的表现与宏观经济如此反常呢？巴菲特将股市如此反常的现象归诸利率、预期投资收益率两个关键的经济因素，以及一个与心理有关的因素。请看下面巴菲特对此的解释。

影响股市的第一个关键经济因素是利率。在经济学中，利率就好比物理学中的地心引力一样，不论何时何地，利率任何的微小波动都会影响全世界所有资产的价值。假设今天市场利率是7%，那么，未来1美元的投资收益的价值就与市场利率为4%时的价值有很大的差别。

分析过去34年长期债券利率的变化，人们可以发现第一个17年间利率从1964年底的4.20%大幅上升到1981年的13.65%，这对股票投资人来说实在不是什么好事。但在第二个17年间利率又从1981年的13.65%大幅下挫到1998年的5.09%，为股票投资人带来了福音。

影响股市的第二个关键经济因素是人们对未来投资收益率的预期。在第一个17年间，由于公司获利前景不佳，投资者预期显著下调。但在20世纪80年代初期，里根政府大力刺激经济增长，使得企业获利水平达到1930年以来前所未有的高峰。

在1964—1981年的第一个17年间，两个不利因素是使投资人对美国经济失去信心的原因，一方面在于过去企业获利成绩不佳，另一方面在于利率过高使投资者对企业未来盈利预期大打折扣。两项因素综合，导致1964—1981年间尽管同期GNP大幅增长但美国股市却停滞不前。

不过这些因素在1981—1998年的第二个17年间完全反转，一方面企业收益率大幅提高，另一方面利率又不断下降使得投资者对企业未来盈利预期进一步提高。这两个因素为一个大牛市提供了产生巨大上升的燃料，形成 GNP 下降的同时股市却猛涨的奇异现象。

第三个因素是心理因素，人们看到股市大涨，投机性交易疯狂爆发，终于导致危险的悲剧一幕一再重演。

案例讨论

影响股票价格的主要因素是什么？

案例分析

以上案例给投资者两点启示：一是股票价格的变化或波动，主要受股票供求关系的推动，因而，影响股票供求关系的因素，也就成为影响股票价格变化的因素。二是尽管在不同时期、不同国家里，影响股票供求关系进而造成股价波动的因素有所不同，但从大的方面来讲，不外乎有以下几个方面：第一，宏观经济因素；第二，政治因素与自然因素；第三，行业因素；第四，公司自身因素；第五，其他因素。

案例参考资料

巴菲特关于 100 年间美国股市波动的实证研究，价值投资之道，2018 年 3 月 27 日，https：//mp. weixin. qq. com/。

第六章　证券投资基金市场

一、学习提要

1. 证券投资基金是一种实行组合投资、专业管理、利益共享、风险共担的集合投资方式。证券投资基金是一种间接的证券投资方式。证券投资基金的特点有：集合理财、专业管理；组合投资、分散风险；利益共享、风险共担；严格监管、信息透明；独立托管、保障安全。

2. 按不同标准，证券投资基金有多种分类。按运作方式不同，证券投资基金分为封闭式基金和开放式基金；按组织形式不同，分为契约型基金和公司型基金；按投资标的不同，分为债券基金、股票基金、货币市场基金、衍生证券投资基金等；按投资目标不同，分为成长型基金、收入型基金和平衡型基金；按投资理念不同，分为主动型基金和被动型基金。

3. 在我国，证券投资基金的发行方式主要有网上发行和网下发行两种方式。基金交易是基金成功发行后，在二级市场上进行的买卖活动。它是基金运作过程中的基本环节，是基金市场十分重要的组成部分。

4. 我国的证券投资基金主要投资于国内依法公开发行上市的股票、非公开发行股票、国债、企业债券和金融债券、公司债券、货币市场工具、资产支持证券、权证等。

5. 基金收入来源主要包括利息收入、投资收益以及其他收入。基金运作过程中涉及的费用可分为两大类：一是基金销售过程中发生的由基金投资者自己承担的费用，主要包括申购费、赎回费及基金转换费。二是基金管理过程中发生的费用，主要包括基金管理费、基金托管费、信息披露费等。

6. 基金分析和评价能够帮助投资者选择符合自己投资目标及风险承受能力的基金产品或产品组合，避免盲目投资，尽可能地规避基金投资的各类风险，做一位理性、成熟的基金投资者。对基金的分析和评价应遵循长期性原则、全面性原则、一致性原则、客观公正性原则。

7. 基金分析与评价的基本方法是定量分析法和定性分析法。

二、重点内容导读

1. 开放式基金和封闭式基金的主要区别

基金的运作方式可以采用封闭式、开放式或者其他方式。

采用封闭式运作方式的基金（以下简称封闭式基金），是指基金份额总额在基金合同期限内固定不变，基金份额持有人不得申请赎回的基金；采用开放式运作方式的基金（以下简称开放式基金），是指基金份额总额不固定，基金份额可以在基金合同约定的时间和场所申购或者赎回的基金。

封闭式基金与开放式基金的区别：

（1）基金规模的可变性不同。封闭式基金均有明确的存续期限（我国为不得少于5年），在此期限内已发行的基金单位不能被赎回。虽然特殊情况下此类基金可进行扩募，但扩募应符合严格的法定条件。故在正常情况下，基金规模固定不变。而开放式基金所发行的基金单位是可赎回的，而且投资者在基金的存续期间内也可随意申购基金单位，导致基金的资金总额每日均不断地变化。换言之，它始终处于“开放”的状态。这是封闭式基金与开放式基金的根本差别。

（2）基金单位的买卖方式不同。封闭式基金发起设立时，投资者可以向基金管理公司或销售机构认购；当封闭式基金上市交易时，投资者又可委托券商在证券交易所按市价买卖。而投资者投资于开放式基金时，则可以随时向基金管理公司或销售机构申购或赎回。

（3）基金单位的买卖价格形成方式不同。封闭式基金因在交易所上市，其买卖价格受市场供求关系影响较大。当市场供小于求时，基金单位买卖价格可能高于每份基金单位资产净值，这时投资者拥有的基金资产就会增加；当市场供大于求时，基金价格则可能低于每份基金单位资产净值。而开放式基金的买卖价格是以基金单位资产净值为基础计算的，可直接反映基金单位资产净值的高低。在基金的买卖费用方面，投资者在买卖封闭式基金时与买卖上市股票一样，也要在价格之外付出一定比例的证券交易税和手续费；而开放式基金的投资者需缴纳的相关费用（如首次认购费、赎回费）则包含于基金价格之中，一般而言，买卖封闭式基金的费用要高于开放式基金。

（4）基金的投资策略不同。由于封闭式基金不能随时被赎回，其募集得到的资金可全部用于投资，这样基金管理公司便可据以制定长期的投资策略，取得长期经营绩效。而开放式基金则必须保留一部分现金，以便投资者随时赎回，而不能尽数用于长期投资，一般投资于变现能力强的资产。

2. 契约型基金与公司型基金的区别

证券投资基金根据其组织形式不同可分为契约型基金和公司型基金。契约型基金也称信托型基金，是依据一定的信托契约原理，由基金发起人和基金管理人、基金托管人订立基金契约而组建的投资基金。国外契约型基金依据经营方式不同又分为两种类型，即单位型与信托型。

与公司型基金不同，契约型基金本身并不具备公司企业或法人的身份，因此，在组织结构上，基金的持有人不具备股东的地位，但可以通过持有人大会来行使相应的权利。

公司型基金是指在法律上具有独立法人地位的股份投资公司。公司型基金依据基金公司章程设立，基金投资者是基金公司的股东，享有股东权，按所持有的股份承担有限责任，分享投资收益。公司型基金公司设有董事会，代表投资者的利益行使职权。虽然公司型基金在形式上类似于一般股份公司，但不同于一般股份公司的是，它要委托基金管理公司作为专业的财务顾问来经营与管理基金资产。

契约型基金与公司型基金的区别：

（1）法律主体资格不同。契约型基金不具有法人资格；公司型基金具有法人资格。契约型基金依据基金合同成立。基金投资者尽管也可以通过持有人大会表达意见，但与公司型基金的股东大会相比，契约型基金持有人大会赋予基金持有的权利相对较小。

（2）基金营运依据不同。契约型基金依据基金合同营运基金；公司型基金依据基金公司章程营运基金。公司型基金的优点是法律关系明确清晰，监督约束机制较为完善；但契约型基金在设立上更为简单易行。

两者之间的区别主要表现在法律形式不同，并无优劣之分。

我国《证券投资基金法》所规定的基金实际上是契约型基金。因此，直至今日，我国基金管理公司发起成立的封闭式基金与开放式基金都属于契约型基金。

3. 股票基金的特点

股票基金是以股票为投资对象的投资基金，是投资基金的主要类型。股票基金的主要功能是将大众投资者的小额投资集中为大额资金，投资于不同的股票组合，成为股票市场的主要机构投资者。

股票基金具有以下特点：

（1）与其他基金相比，股票基金的投资对象和投资目的具有多样性。

（2）与投资者直接投资于股票市场相比，股票基金具有分散风险、费用低廉的特点。

（3）从资产流动性来看，股票基金具有流动性强、变现能力强的特点。

（4）对投资者来说，股票基金经营稳定、收益可观。

（5）股票基金还具有在国际市场上融资的功能和特点。

4. 基金的发行方式

常见的基金发行方式有四种：（1）直接销售方式。直接销售方式是指基金不通过任何专门的销售部门直接销售给投资者的销售方式。（2）包销方式。包销方式是指基金由经纪人按基金的资产净值买入，然后再以公开销售价格转卖给投资人，从中赚取买卖差价的销售方式。（3）销售集团方式。销售集团方式是指由包销人牵头组成几个销售集团，基金由各销售集团的经纪人代销，包销人支付给每个经纪人一定的销售费用的销售方式。（4）计划公司方式。计划公司方式是指在基金销售过程中，有一家公司在基金销售集团和投资人之间充当中间销售人，以使基金能以分期付款的方式销售出去的方式。

在我国，证券投资基金的发行方式主要有网上发行和网下发行两种方式。

三、习题

（一）名词解释

1. 证券投资基金
2. 基金当事人
3. 货币市场基金
4. 契约型基金
5. 股票基金
6. 成长型基金

（二）判断正误

1. 证券投资基金又称“共同基金”或“互助基金”，但“证券投资信托基金”则不属于基金范畴。（　　）

2. 资本市场中的股票、债券和证券投资基金都是一种直接的证券投资方式。（　　）

3. 长期成长基金以追求资本长期、稳定增值为主，股利分配仅占投资效益的一小部分。（　　）

4. 除了基金同业协会，证券交易所也是基金的自律管理机构。（　　）

5. 一般而言，买卖封闭式基金的费用要低于开放式基金。（　　）

6. 证券投资基金在产生和发展过程中，早期基本上是封闭式基金，现在大多数是开放式基金。（　　）

7. 契约型基金凭借基金契约经营基金资产，公司型基金则依据公司章程来经营。（　　）

8. 与其他基金相比，股票基金的投资对象和投资目的具有多样性。（　　）

9. 封闭式基金的基金份额总额在基金合同期限内固定不变，但基金份额持有人随时可以申请赎回。（　　）

10. 在我国，基金托管人由中国证券监督管理委员会相关职能部门担任。（　　）

11. 成长型基金追求的是基金资产的长期增值而非当前收入。（　　）

12. 我国现行税收政策只对基金管理公司征收所得税和营业税，不对基金和基金投资人征税。（　　）

13. 在投资基金发展的初级阶段，应该更注重发展开放式基金。（　　）

14. 基金同业协会是投资基金市场监管机构。（　　）

15. 我国首次将私募证券投资基金纳入调整范围源自 2004 年颁布的《证券投资基金法》。（　　）

（三）单项选择题

1. 下列各项中关于封闭式基金的说法正确的是（　　）。
A. 基金份额在合同期内固定不变　　B. 基金份额可在约定时间赎回
C. 通过发行受益凭证设立　　D. 基金份额总额不固定

2. 下列各项中（　　）是投资基金市场上的自律组织。
A. 律师事务所　　B. 证券交易所
C. 会计师事务所　　D. 基金评级机构

3. 下列各项中（　　）不属于基金当事人。
A. 基金管理人　　B. 基金托管人
C. 基金销售机构　　D. 基金份额持有人

4. 基金份额总额不固定，并可在基金合同约定的时间和场所申购或赎回的基金是（　　）。
A. 公司型基金　　B. 契约型基金
C. 封闭式基金　　D. 开放式基金

5. 下列各项中（　　）不是成长型基金与收入型基金的差异。
A. 投资目标不同　　B. 投资工具不同
C. 资金分布不同　　D. 投资者地位不同

6. 下列各项中（　　）不是影响债券基金价格波动的主要因素。
A. 利率变动　　B. 汇率变动　　C. 股价变动　　D. 债信变动

7. 在我国，封闭式基金在规定的发行时间里，发行总额未被认购到基金总额的（　　），该基金不能成立。
A. 50%　　B. 60%　　C. 70%　　D. 80%

8. 一般而言，开放式基金按计划完成了预定的工作程序，正式成立（　　）后，才允许投资者赎回。
A. 1 个月　　B. 3 个月　　C. 6 个月　　D. 12 个月

9. 下列各项中关于封闭式基金的说法正确的是（　　）。
A. 设立时基金总额固定不变　　B. 只采用集合竞价的方式
C. 没有固定的存续期　　D. 投资者根据规定可随时申购

10. 影响证券投资基金价格波动的最基本因素是（　　）。
A. 股票市场走势　　B. 基金市场供求关系
C. 基金资产净值　　D. 政府有关基金政策

11. 下列各项中关于股票基金的说法不正确的是（　　）。
A. 追求资本利得和资产增值　　B. 收益固定，风险较低
C. 流动性强　　D. 成长潜力较大

12. 下列各项中关于基金收益分配方式的说法不正确的是（　　）。

A. 分配现金 B. 分配基金份额 C. 不分配 D. 分配所投资股票

（四）多项选择题

1. 投资基金的特点包括（ ）。
A. 集合理财、专业管理
B. 集中投资、规模取胜
C. 利益共享、风险共担
D. 组合投资、分散风险
E. 严格监管、信息透明

2. 证券投资基金根据其组织形式不同，可以分为（ ）。
A. 开放式基金
B. 封闭式基金
C. 契约型基金
D. 公司型基金
E. 收入型基金

3. 投资基金市场的参与主体是（ ）。
A. 证券经纪人
B. 基金当事人
C. 基金自律组织
D. 基金监管机构
E. 基金市场服务机构

4. 按投资标的不同，证券投资基金可以分为（ ）。
A. 货币市场基金
B. 衍生证券投资基金
C. 股票基金
D. 债券基金
E. 外汇基金

5. 封闭式基金交易具有的特点有（ ）。
A. 采用“三公原则”
B. 采用“价格优先、时间优先”原则
C. 在营业日随时买卖
D. 以标准手数为单位进行
E. 价格以单位资产净值为基础

6. 成长型基金与收入型基金的主要区别在于（ ）。
A. 投资目标不同
B. 资金运营不同
C. 投资者地位不同
D. 派息情况不同
E. 投资工具不同

7. 基金的收益包括（ ）。
A. 投资收益
B. 利息收入
C. 管理收入
D. 其他收入
E. 公允价值变动损益

8. 证券投资基金的当事人有（ ）。
A. 基金份额持有人
B. 基金管理人
C. 基金托管人
D. 基金委托人
E. 基金出资人

9. 影响封闭式基金价格波动的基本因素是（ ）。

A. 基金资产净值　　B. 基金市场供求关系
C. 股票市场走势　　D. 政府有关基金政策
E. 封闭期长短

10. 基金的费用包括（　　）。
A. 基金管理费　　B. 基金托管费
C. 基金交易费　　D. 基金销售服务费
E. 基金运作费

11. 基金的分析和评价应该遵循的原则是（　　）。
A. 一致性原则　　B. 全面性原则
C. 长期性原则　　D. 国际性原则
E. 客观公正性原则

12. 基金分析研究有三个角度，即（　　）。
A. 对单个基金的分析和评价　　B. 对基金整体的分析和评价
C. 对基金经理的分析和评价　　D. 对基金操盘手的分析和评价
E. 对基金公司的分析和评价

（五）连线题（找出每个词汇的正确含义，并用实线连接）

词汇	含义
1. 投资基金	A. 基金份额总额不固定，可以在基金合同约定的时间和场所申购或者赎回的基金
2. 基金管理人	B. 投资于成长型股票、追求资产长期稳定增长目标类型的基金
3. 封闭式基金	C. 以货币市场工具为投资对象的一种基金
4. 开放式基金	D. 主要投资于可带来现金收入的有价证券，以获取当期最大收入为目的的基金
5. 契约型基金	E. 是基金产品的募集者和管理者，在有效控制风险的基础上为基金投资者争取最大的投资收益
6. 公司型基金	F. 一般选取特定指数作为跟踪对象，通常又被称为指数基金
7. 成长型基金	G. 核准的基金份额总额在基金合同期限内固定不变，基金份额持有人不得申请赎回的基金
8. 收入型基金	H. 依基金公司章程设立，在法律上具有独立法人地位的股份投资公司
9. 被动型基金	I. 是一种实行组合投资、专业管理、利益共享、风险共担的集合投资方式
10. 货币市场基金	J. 通过签订基金契约的形式发行受益凭证而设立的一种基金

四、习题参考答案

（一）名词解释

1. 证券投资基金：是指通过发售基金份额，将众多投资者的资金集中起来，形成独立财产，由基金托管人托管，基金管理人管理，并以投资组合的方式进行证券投资的一种利益共享、风险共担的集合投资方式。

2. 基金当事人：依据基金合同设立，基金份额持有人、基金管理人与基金托管人等基金相关各方的总称。

3. 货币市场基金：是以货币市场金融工具为投资对象的一种基金，其投资对象为期限在1年以内的金融工具。

4. 契约型基金：也称单位信托基金，是依据一定的信托契约原理，由基金发起人和基金管理人、基金托管人订立基金契约而组建的投资基金。

5. 股票基金：是指以股票为主要投资对象的证券投资基金，是投资基金的主要种类。

6. 成长型基金：是指主要投资于成长型股票、追求资产长期稳定增长目标类型的基金。

（二）判断正误

1. ×（证券投资信托基金是亚洲一些国家或地区对基金的称谓）
2. ×（证券投资基金是一种间接的证券投资方式）
3. √
4. √
5. ×（高于）
6. √
7. √
8. √
9. ×（不得申请赎回）
10. ×（由依法设立的商业银行或者其他金融机构担任）
11. √
12. √
13. ×（封闭式基金）
14. ×（自律性机构）
15. ×（源自2013年修订后的《证券投资基金法》）

（三）单项选择题

1. A	2. B	3. C	4. D	5. D
6. C	7. D	8. B	9. A	10. C
11. B	12. D			

（四）多项选择题

1. ACDE	2. CD	3. BCDE	4. ABCD	5. ABCDE
6. ADE	7. ABDE	8. ABC	9. ABCDE	10. ABCDE
11. ABCE	12. ACE			

（五）连线题

1I	2E	3G	4A	5J
6H	7B	8D	9F	10C

五、相关案例分析

资管新规对公募基金的影响

中国人民银行、中国银行保险监督管理委员会、中国证券监督管理委员会、国家外汇管理局于2018年4月27日联合公布了《关于规范金融机构资产管理业务的指导意见》（以下简称资管新规），资管行业进入新时代。

资管新规作为一部覆盖全面的纲领性文件，金融监督管理部门将在资管新规框架内研究制定配套细则，具体实施细则出台之后资管行业还将进行更为深入的整改实施。资管新规对未来资管行业的发展，将会带来更多积极的变化。资管新规出台后，指导思想、业务规则的明确，标志着我国资管行业也进入统一监管时代。公募基金行业在资管新规的引导下也将进入大资管统一监管、充分竞争的市场环境，如能够好好把握住这次机遇，公募基金行业将迎来全新大发展阶段。

本文挑选了资管新规中涉及公募基金的重点条文部分。

一、产品分类

资管新规第四条：资产管理产品按照投资性质的不同，分为固定收益类产品、权益类产品、商品及金融衍生品类产品和混合类产品。固定收益类产品投资于存款、债券等债权类资产的比例不低于80%，权益类产品投资于股票、未上市企业股权等权益类资产的比例不低于80%，商品及金融衍生品类产品投资于商品及金融衍生品的比例不低于80%，混合类产品投资于债权类资产、权益类资产、商品及金融衍生品类资产且任一资产的投资比例未达到前三类产品标准。

二、投资未上市企业股权

资管新规第十条：公募产品主要投资标准化债权类资产以及上市交易的股票，除法律法规和金融管理部门另有规定外，不得投资未上市企业股权。公募产品可以投资商品及金融衍生品，但应当符合法律法规以及金融管理部门的相关规定。

三、投资者集中度

资管新规第十六条：金融机构应当控制资产管理产品所投资资产的集中度：

（一）单只公募资产管理产品投资单只证券或者单只证券投资基金的市值不得超过该资产管理产品净资产的10%。

（二）同一金融机构发行的全部公募资产管理产品投资单只证券或者单只证券投资基金的市值不得超过该证券市值或者证券投资基金市值的30%。其中，同一金融机构全部开放式公募资产管理产品投资单一上市公司发行的股票不得超过该上市公司可流通股票的15%。

（三）同一金融机构全部资产管理产品投资单一上市公司发行的股票不得超过该上市公司可流通股票的30%。

四、市值计价

资管新规第十八条：金融资产坚持公允价值计量原则，鼓励使用市值计量。符合以下条件之一的，可按照企业会计准则以摊余成本进行计量：

（一）资产管理产品为封闭式产品，且所投金融资产以收取合同现金流量为目的并持有到期。

（二）资产管理产品为封闭式产品，且所投金融资产暂不具备活跃交易市场，或者在活跃市场中没有报价也不能采用估值技术可靠计量公允价值。

金融机构以摊余成本计量金融资产净值，应当采用适当的风险控制手段，对金融资产净值的公允性进行评估。当以摊余成本计量已不能真实公允反映金融资产净值时，托管机构应当督促金融机构调整会计核算和估值方法。金融机构前期以摊余成本计量的金融资产的加权平均价格与资产管理产品实际兑付时金融资产的价值的偏离度不得达到5%或以上，如果偏离5%或以上的产品数超过所发行产品总数的5%，金融机构不得再发行以摊余成本计量金融资产的资产管理产品。

五、刚性兑付

资管新规第十九条：经金融管理部门认定，存在以下行为的视为刚性兑付：

（一）资产管理产品的发行人或者管理人违反真实公允确定净值原则，对产品进行保本保收益。

（二）采取滚动发行等方式，使得资产管理产品的本金、收益、风险在不同投资者之间发生转移，实现产品保本保收益。

（三）资产管理产品不能如期兑付或者兑付困难时，发行或者管理该产品的金融机构自行筹集资金偿付或者委托其他机构代为偿付。

（四）金融管理部门认定的其他情形。

经认定存在刚性兑付行为的，区分以下两类机构进行惩处（明确了罚则）：

（一）存款类金融机构发生刚性兑付的，认定为利用具有存款本质特征的资产管理产品进行监管套利，由国务院银行保险监督管理机构和中国人民银行按照存款业务予以规范，足额补缴存款准备金和存款保险保费，并予以行政处罚。

（二）非存款类持牌金融机构发生刚性兑付的，认定为违规经营，由金融监督管理部门和中国人民银行依法纠正并予以处罚。

任何单位和个人发现金融机构存在刚性兑付行为的，可以向金融监督管理部门举报，查证属实且举报内容未被相关部门掌握的，给予适当奖励。

外部审计机构在对金融机构进行审计时，如果发现金融机构存在刚性兑付行为的，应当及时报告金融监督管理部门。外部审计机构在审计过程中未能勤勉尽责，依法追究相应责任或依法依规给予行政处罚，并将相关信息纳入全国信用信息共享平台，建立联合惩戒机制。

六、负债比例

资管新规第二十条：资产管理产品应当设定负债比例（总资产/净资产）上限，同类产品适用统一的负债比例上限。每只开放式公募产品的总资产不得超过该产品净资产的140%，每只封闭式公募产品、每只私募产品的总资产不得超过该产品净资产的200%。计算单只产品的总资产时应当按照穿透原则合并计算所投资资产管理产品的总资产。

金融机构不得以受托管理的资产管理产品份额进行质押融资，放大杠杆。

七、产品分级

资管新规第二十一条：公募产品和开放式私募产品不得进行份额分级。

分级私募产品的总资产不得超过该产品净资产的140%。分级私募产品应当根据所投资资产的风险程度设定分级比例（优先级份额/劣后级份额，中间级份额计入优先级份额）。固定收益类产品的分级比例不得超过3：1，权益类产品的分级比例不得超过1：1，商品及金融衍生品类产品、混合类产品的分级比例不得超过2：1。发行分级资产管理产品的金融机构应当对该资产管理产品进行自主管理，不得转委托给劣后级投资者。

八、多层嵌套

资管新规第二十二条：资产管理产品可以再投资一层资产管理产品，但所投资的资产管理产品不得再投资公募证券投资基金以外的资产管理产品。

案例讨论

就以上自己感兴趣的条文进行讨论。

案例分析

一、产品分类

此条规定按照投资性质将资管产品分为固定收益类产品、权益类产品、商品及金融衍生品类产品和混合类产品。这种分类方式与现行的一般方式存在一定差异，因此可能涉及基金合同修改的问题。

按照《公开募集证券投资基金运作管理办法》（以下简称《公开运作办法》或办

法），公募基金分为股票基金、债券基金、货币市场基金、基金中基金和混合基金。虽然名称有所区别，但对比具体投资产品的类别与限额，两者对于各类产品80%的比例限制几乎一致。债券基金对应固定收益类产品，股票基金对应权益类产品，货币市场基金可归于固定收益类产品，基金中基金根据其投资资产性质的不同分别对应不同类别产品。需要注意的是，资管新规对于混合类产品明确规定了投资于债权类资产、权益类资产、商品及金融衍生品类资产且任一资产的投资比例不能超过80%的标准。

二、投资未上市企业股权

资管新规实施后，公募基金须经审批才能投资未上市股权，曾在业内引发热议的嘉实元和封闭式基金等此类创新形式自资管新规发布之后应无法继续发展。

另外，该条曾于征求意见稿阶段规定，"现阶段，银行的公募产品以固定收益类产品为主。如发行权益类产品和其他产品，须经银行业监管部门批准"。该条款间接认可将银行向不特定投资者发行理财产品视为公募基金产品，且应以固定收益类产品为主。然而，在正式发布的资管新规中未单独提到银行产品，从此条款的调整可以看出，商业银行发行公募产品与基金公司发行公募产品在投资产品类型上没有差别，商业银行至此可能会更加深入公募基金行业，短期内商业银行的强势介入可能会对基金公司造成一定竞争冲击。

三、投资者集中度

关于投资比例的规定，将资管新规中此条款与《公开运作办法》中的"双十"规定相比较可以看出，第一项"单只公募资产管理产品投资单只证券或者单只证券投资基金的市值不得超过该资产管理产品净资产的10%"的规定，未区分基金中基金（FOF）持有基金的比例，即对于FOF来说，其持有单只基金的比例限制由20%降到10%；第二项、第三项则是参照了公募基金行业2017年10月开始施行的《公开募集开放式证券投资基金流动性风险管理规定》第十五条的规定。

四、市值计价

目前资管行业普遍运用摊余成本法计量金融资产净值，而在该种计价方式下，投资者往往无法意识到风险，各种行业乱象也因此滋生。资管新规明确指出仅在符合条件的两种情况下可以摊余成本进行净值计量，此条款的规定对于存量及未来新注册的开放式基金将产生不小影响。

资管新规发布后，开放式基金产品若使用摊余成本法估价则可能无法再通过注册，对于存量的开放式货币基金来说，若被纳入整改范畴，如不想改变计价方式，对于是否能够将基金产品成功转变为符合条件的封闭式产品等问题，有待解决。

五、刚性兑付

此条规定明确指出了应被视为刚性兑付的行为，主要包括违反净值确定原则对产品进行保本保收益、采取滚动发行等方式实现产品保本保收益、自行筹集资金偿付或委托其他机构代偿等情形，并对不同的主体均确定了具体的罚则。

公募基金行业一直以来发生刚性兑付的情形不多，但实践中存在着一些本被允许的行为在资管新规出台之后可能被定性为应受到处罚的刚性兑付行为。而当资管产品真正出现不能如期兑付或者兑付困难之时，资产管理人又不能通过自有资金进行弥补，更易激化投资人的不良情绪从而引起更为严重的群体性事件。在面对前述情形及严厉的监管处罚之下，资金管理人应如何抉择，能否真正实现“卖者尽责、买者自负”的原则，让投资者在时刻清楚知悉风险的情况下自担风险等问题需要解决。

六、负债比例

此条款对公募产品的负债比例进行了限制，规定开放式公募产品的总资产不得超过产品净资产的140%，封闭式公募产品的总资产不得超过产品净资产的200%，同时，资管新规禁止以非自有资金投资，禁止以份额质押等形式加大杠杆。

七、产品分级

资管新规对公募基金的一大重要影响体现在明令禁止公募产品进行份额分级方面。对公募基金产品来说，分级产品近年来一直处于高速发展阶段，资管新规的发布直接限制了公募基金重新再发行分级产品的可能。另外，关于公募产品中的存量产品，分级产品占相当大的比重，对于这部分产品的处理是目前公募基金行业亟待解决之事。资管新规对于过渡期内的要求是发行新产品应当符合资管新规的规定，为接续存量产品所投资的未到期资产，为维持必要的流动性和市场稳定，可发行老产品对接，但规模不能增长，过渡期后，所有资管产品均应按照资管新规进行全面规范，不得再发行或存续违反资管新规规定的资管产品。

有鉴于此，存量的分级产品在过渡期结束后，大概率将面临转型或强制清盘的可能，分级产品将成为历史。

八、多层嵌套

此条关于禁止多层嵌套的规定，豁免了公募 FOF，即公募 FOF 仍属于一级资产，在此种状况下，可利用公募 FOF 提供大类资产配置和多策略配置的收益，取得一定优势并获取更大市场。

案例参考资料

资管新规对公募基金的影响，中国人民银行网站，http：//www. pbc. gov. cn/goutongjiaoliu/113456/113469/3529600/index. html.

第七章　外汇市场

一、学习提要

1. 外汇（Foreign Exchange）是指外国货币和以外国货币表示的用于国际结算的支付手段。

2. 外汇的含义包括两个方面：一是指外国货币，如美元、欧元、日元、瑞士法郎等。这些外币不仅可以用于国际支付，而且是一种用外币表示的金融资产，可随时兑换成其他国家的货币。二是指以外币表示的外国信用工具和有价证券，如银行汇票、在外国银行的存款、债券等。

3. 外汇市场是金融市场体系中的重要组成部分，是进行外币和以外币计价的票据及有价证券买卖的市场，也是一切外汇交易业务的总和，包括外汇借贷、兑换、拆借及不同种外币的买卖。

4. 外汇市场由交易工具、市场参与者和市场组织等要素构成。三方面要素按一定的方式运行，体现了外汇市场的基本运行机制。各国外汇市场由于各自长期的金融传统和商业习惯不同，其交易方式也不尽相同。

5. 外汇市场的交易形式分为柜台市场交易形式和交易所交易形式。

6. 汇率是指一种货币与另一种货币的比率或比价，即用一种货币表示的另一种货币的价格。汇率的表示方法主要有两种，即直接标价法和间接标价法。

7. 在外汇市场上，由于交易的动机不同、技术手段各异、政府管制程度的差异，从而产生了许多不同的交易方式。其中最主要、最典型的交易方式有即期外汇交易、远期外汇交易、外汇掉期交易和外汇衍生品交易，基于这几类交易方式的应用，形成了套期保值交易、套汇交易、套利交易和投机交易等。

二、重点内容导读

（一）外汇的特点

根据《中华人民共和国外汇管理条例》，外汇是指下列以外币表示的可以用作国际清偿的支付手段和资产：（1）外国货币，包括纸币、铸币；（2）外币支付凭证，包括票据、银行存款凭证、邮政储蓄凭证等；（3）外币有价证券，包括政府债券、公司债券、股票等；（4）特别提款权；（5）其他外汇资产。一般而言，外汇具有三个特点：（1）外汇必须以外币表示，即外汇必须是以外币表示的国外资产；（2）可偿性，即外汇必须是在国外能得到清偿的债权；（3）可兑换性，即外汇必须能自由兑换成以其他货币表示的支付手段。

（二）外汇市场的含义

关于外汇市场的界定，从交易场所看，有广义和狭义之分。狭义的外汇市场是指进行外汇交易的有形的固定场所，即由一些指定外汇银行、外汇经纪人和客户组成的外汇交易所。一般采取交易中心方式，由参加交易各方于每个营业日的规定时间，汇集在交易所内进行交易。广义的外汇市场则是指有形和无形外汇买卖市场的总和，它不仅包括上述封闭式外汇交易所交易，还包括没有特定交易场所，通过电话、电报、电传等方式进行的外汇交易。目前，随着先进通信技术手段的广泛运用，世界各国的外汇交易都是通过现代化通信工具来进行的，形成了以各外汇市场为中心、覆盖全球的世界性外汇市场，外汇交易也由局部或地区交易扩展为全国性及全球性交易。因此，广义的外汇市场实际上是指由各国中央银行、外汇银行、外汇经纪商和客户等外汇经营主体以及由它们形成的外汇供求买卖关系的总和。

（三）外汇市场的运行机制特点

外汇市场是由多种要素组成的有机整体，它有自己的形成和运行机制，包括供求机制、效率机制及风险机制等。

外汇市场的供求机制是市场汇率形成的主要基础，而汇率的变化又反过来调节外汇的供求。外汇市场主要由中央银行、外汇银行、外汇经纪商和客户等组成，形成外汇市场的五大交易或供求关系：（1）外汇银行与外汇经纪商或客户之间的外汇交易；（2）同一外汇市场的外汇银行之间的外汇交易；（3）不同外汇市场的各外汇银行之间的外汇交易；（4）中央银行与各外汇银行之间的外汇交易；（5）各中央银行之间的外汇交易。各国中央银行正是利用外汇供求与汇率之间的这种相互联系、相互作用的机制，通过在外汇市场上买卖外汇，来调节外汇市场的供求关系，进而调节汇率的实际水平，使之更有利于或无害于国内经济的健康增长及国际收支关系的改善。

外汇市场的效率机制主要体现在：外汇市场的远期汇率能够准确地反映未来即期汇率的变化，为外汇交易者提供准确的信息作为其交易的参考。当远期汇率表明未来的即期汇率将上升时，谨慎的交易者就会根据手中持有的外币负债买进相同数额的远期外汇，从而保证到时以外币债权的增加抵销汇率上升造成的外币负债的增加，实现外汇债权、债务的平衡。而冒险的交易者则会凭一纸合同和少许保证金做远期买空交易，以期未来汇率上升时牟取暴利。远期汇率的变化不仅是外汇交易决策的主要参考，也影响着外汇资金的分配过程。

外汇交易的风险机制是指外汇交易中风险的增减同汇率变动之间的相互联系、相互作用。这一方面表现为交易者难以及时、准确地掌握和预测一国政治、经济形势及政策变化，由此增加了对未来即期汇率预测的难度，从而增加了外汇交易的风险；另一方面则表现为投资者的外汇投机行为往往会加剧外汇市场的动荡，加大汇率的波动，从而会使外汇交易者遭遇更大的风险。

外汇市场的上述三种机制并不是相互孤立的，而是相互联系、相互作用的。正是这种相互联系与相互作用的关系，调节着外汇市场的运行，保持着外汇市场自身的秩序。

（四）汇率的决定

外汇市场汇率是由现实的外汇供求状况决定的，而影响外汇供求的因素错综复杂，既包括宏观经济因素，也包括政治因素和心理因素，并且各因素之间又相互联系、相互制约、相互影响。

1. 国民经济基本面情况

国民经济基本面情况是影响一国国际收支乃至该国货币汇率最重要的基本因素。国民经济发展状况主要从劳动生产率、国内外经济增长率差异和经济结构三个方面对汇率产生影响。

2. 国际收支状况

国际收支是对一国对外经济交往的汇总，可大体反映出一国对外汇的供求状况，因此，它是最直接作用于汇率水平的影响因素。

3. 通货膨胀率差异

根据购买力平价理论，国内外通货膨胀率差异是决定汇率长期趋势中的主导因素。一国通货膨胀率高于其他国家，意味着该国货币的对内贬值和对外贬值。

4. 利率差异

利率是资金的价格，两国间利率的差异，将会引起短期资本的流动。

5. 宏观经济政策

宏观经济政策主要是指一国为了实现充分就业、物价稳定、国际收支平衡和经济增长的目标而实施的财政政策和货币政策。就经济政策的执行而言，它可分为紧缩性的经济政策和扩张性的经济政策，它们对国际收支乃至汇率的作用结果刚好相反。财政政策主要通过调整税率和政府支出两种方式来执行，货币政策主要通过调整再贴现率、存款准备金率和货币供应量的方式来执行。

6. 中央银行外汇市场干预

除了上面的宏观经济政策的间接作用外，政府还可以对外汇市场直接施加干预，通过中央银行在外汇市场大量买卖某种货币，改变外汇供求关系，从而影响汇率。

7. 国际储备

国际储备对汇率的影响在很大程度上是基于心理预期。

8. 重大国际事件

重大国际事件是指国际上发生的重大的政治、经济、军事、科技、自然灾害等方面的事件。

9. 心理预期

心理预期是指人们根据各种价格信息对汇率走势所作出的主观判断。

10. 短期投机行为

国际金融市场上存在着巨额的短期性投机资金，它们对世界各国的政治、经济、军事等因素都具有高度敏感性，一旦出现风吹草动就四处游走，给外汇市场带来巨大的冲击，由此成为各国货币汇率频繁起伏的重要根源。

虽然在不同时期各种因素对汇率的影响有主次之分，但总的来说，各因素间相互联系，相互制约，共同影响汇率变动。因此，要想对汇率的波动作出较为合理的预测，就必须对影响汇率的各项因素进行综合、全面的分析。

（五）即期外汇交易程序

一笔完整的即期外汇交易程序一般有四个环节：（1）询价。询价内容一般包括交易货币、起息日和交易的金额等。（2）报价。一般要同时报出买价和卖价。（3）成交。询价方首先表示买卖的金额，然后由报价银行承诺。（4）确认。交易双方互相确认买或卖的汇率、金额、交割日期以及资金结算办法。

（六）外汇掉期交易

外汇掉期交易（Swap Transaction）是同时买进或卖出金额相等但到期日不同的同种货币的一种外汇交易。

1. 外汇掉期交易的形式

外汇掉期交易存在着不同的交割期限结构，按这种期限结构，外汇掉期交易可分为以下三种形式：（1）即期对远期的掉期交易；（2）即期对即期的掉期交易；（3）远期对远期的掉期交易。

2. 外汇掉期交易的作用

外汇掉期交易是运用不同的交割期限来进行的，可以避免因时间不一所造成的汇率变动的风险，对国际贸易与国际投资发挥了积极的作用，具体表现在：（1）可以改变外汇的币种，避开汇率变动的风险；（2）有利于进出口商进行套期保值；（3）有利于银行消除与客户进行单独远期交易所承受的汇率风险，平衡银行即期交易和远期交易的交割日期结构，使银行资产结构合理化。

三、习题

（一）名词解释

1. 外汇
2. 外汇市场
3. 直接标价法
4. 间接标价法
5. 即期汇率
6. 远期汇率
7. 套汇交易
8. 外汇掉期交易
9. 外汇套利交易
10. 外汇投机交易
11. 外汇银行
12. 外汇经纪人

（二）判断正误

1. 外汇不限于外币资产，还延伸到可用于国际结算的部分本币形式的资产，但必须有严格的限定。（　　）

2. 越南盾、缅甸元都是外汇。（　　）

3. 交易所交易是外汇市场的主要组织形式。（　　）

4. 中央银行是外汇交易的重要主体。（　　）

5. 间接标价法是以一定数量的外国货币单位（如 100）折合若干本国货币的标价方法。（　　）

6. 狭义的外汇市场实际上是指由各国中央银行、外汇银行、外汇经纪商和客户等外汇经营主体以及由它们形成的外汇供求买卖关系的总和。（　　）

7. 外汇市场的效率机制主要体现在：外汇市场的远期汇率能够准确地反映未来即期汇率的变化，为外汇交易者提供准确的信息作为其交易的参考。（　　）

8. 在即期汇率一定的情况下，远期汇率水平主要决定于升水或贴水水平。（　　）

9. 外汇柜台市场（OTC）是一种有固定场所及固定开盘和收盘时间的外汇市场。（　　）

10. 商品和劳务进口是外汇需求产生的原因之一。（　　）

11. 两国货币的利率差是决定升水或贴水及其幅度的唯一因素。（　　）

12. 外汇掉期交易改变的不是交易者手中持有的外汇数额，而是交易者所持货币的期限。（　　）

13. 直接套汇是指利用三个或三个以上不同外汇市场中三种或多种不同货币之间交叉汇率的差异，进行买卖赚取汇价收益。(　　)

14. 购买力平价理论揭示了汇率变动的短期原因。(　　)

15. 我国目前实行的是盯住美元的浮动汇率制。(　　)

16. 买卖外币有价证券的过程实际上包含了两种交易，即外汇交易和有价证券交易。(　　)

(三) 单项选择题

1. 减少本国货币供给会导致本国货币（　　）。

A. 短期贬值幅度大于长期　　B. 长期贬值幅度大于短期

C. 短期升值幅度大于长期　　D. 长期升值幅度大于短期

2. 目前，全球主要外汇市场中，日均交易量最大的金融中心城市是（　　）。

A. 纽约　　B. 伦敦　　C. 东京　　D. 新加坡

3. 下列各项中（　　）是外汇市场客户。

A. 中央银行　　B. 外汇银行

C. 外汇经纪人　　D. 跨国公司

4. 如果墨西哥比索相对于美元贬值，则下列各项中表述正确的是（　　）。

A. 购买比索需要更多美元　　B. 购买美元需要更少比索

C. 美元相对于比索升值　　D. 美国商品在墨西哥的价格下跌

5. 按照（　　），可将汇率划分为官定汇率、市场汇率和黑市汇率。

A. 外汇管制的松紧程度　　B. 外汇资金性质和用途

C. 外汇交易支付通知方式　　D. 外汇交易交割期限

6. 下列各项中（　　）不是外汇市场的运行机制。

A. 供求机制　　B. 效率机制　　C. 利率机制　　D. 风险机制

7. 以（　　）为主体形成的外汇供求，已成为决定市场汇率的主要力量。

A. 各国中央银行　　B. 外汇银行　　C. 外汇经纪商　　D. 跨国公司

8. 从主观上分析，外汇市场交易风险有（　　）。

A. 外国货币购买力的变化　　B. 本国货币购买力的变化

C. 国际收支状况　　D. 外汇投机活动的干扰

9. 下列各项中（　　）不是外汇掉期交易的特征。

A. 买和卖同时进行　　B. 买与卖的货币种类相同

C. 买与卖的汇率相同　　D. 买与卖的交割期限不同

10. 下列各项中外汇投机交易不具有的特点是（　　）。

A. 投机者被动交易

B. 投机者主动交易

C. 投机活动并非基于对外汇的实际需求

D. 收益大小取决于预测的准确程度

11. 影响汇率变动的非经济因素是（　　）。

A. 国际收支状况　　B. 通货膨胀率差异

C. 利率差异　　D. 心理预期

12. 两国货币的比价基本固定，汇率只能在很小的范围内上下波动的汇率制度是（　　）。

A. 固定汇率制度　　B. 共同浮动汇率制度

C. 联系汇率制度　　D. 盯住浮动汇率制度

13. 外汇交易者在外汇市场同时买进或卖出金额相等但到期日不同的同种货币的外汇交易活动称为（　　）。

A. 套汇交易　　B. 套利交易　　C. 掉期交易　　D. 外汇期货

14. 外汇市场的主要组织形式是（　　）。

A. 柜台交易方式　　B. 交易所方式

C. 掉期交易方式　　D. 撮合交易方式

15. 在外汇市场上，利率高的货币，其远期汇率表现为（　　）。

A. 升水　　B. 贴水　　C. 远期升水　　D. 远期贴水

（四）多项选择题

1. 根据《中华人民共和国外汇管理条例》，外汇是指（　　）。

A. 外国货币　　B. 外币支付凭证

C. 外币有价证券　　D. 特别提款权

E. 其他外汇资产

2. 外汇的特征有（　　）。

A. 以外币表示　　B. 可偿性

C. 风险性　　D. 收益性

E. 可兑换性

3. 对一个国家或地区而言，其外汇供给主要形成于（　　）。

A. 商品和劳务出口收入　　B. 对国外投资收入

C. 国外单方面转移收入　　D. 国际资本流入

E. 外国侨民汇款

4. 从外汇市场的结构来看，按其参加者的不同，外汇市场可分为（　　）。

A. 柜台市场　　B. 交易所市场

C. 批发市场　　D. 零售市场

E. 官方外汇市场

5. 外汇交易的主体包括（　　）。

A. 中央银行　　B. 外汇银行

C. 投资银行　　D. 外汇经纪人

E. 外汇市场客户

6. 外汇市场的运行机制包括（　　）。

A. 供求机制　　B. 效率机制

C. 利率机制　　D. 风险机制

E. 汇率机制

7. 从客观上分析，外汇市场交易风险主要来自（　　）。

A. 外国货币购买力的变化　　B. 本国货币购买力的变化

C. 国际收支状况　　D. 政府的人为干预

E. 外汇投机活动的干扰

8. 一笔完整的即期外汇交易程序一般包含（　　）环节。

A. 询价　　B. 报价

C. 成交　　D. 交割

E. 确认

9. 外汇银行的外汇交易业务主要是（　　）。

A. 直接向客户买卖外汇赚取差价　　B. 受客户委托买卖外汇赚取佣金

C. 代理中央银行买卖外汇进行储备　　D. 替居民个人开展外汇投机交易

E. 以自己账户买卖外汇平衡风险与收益

10. 从主客观上讲，进行套汇交易必须具备的条件包括（　　）。

A. 存在着不同的外汇市场和汇率差异

B. 从事套汇者必须拥有一定数额的资金

C. 套汇者必须具备一定的技术和经验

D. 信息传递及时准确

E. 在主要的外汇市场拥有自己的分支机构

11. 外汇投机与外汇投资有一定区别，主要体现在（　　）。

A. 行为决策的态度不同　　B. 交易策略不同

C. 承担风险不同　　D. 对外汇变动的看法不同

E. 买卖外汇的时间不同

12. 下列各项中（　　）是影响汇率变动的因素。

A. 国际收支状况　　B. 通货膨胀率差异

C. 利率差异　　D. 政府干预

E. 心理预期

（五）连线题（找出每个词汇的正确含义，并用实线连接）

词汇	含义
1. 外汇 2. 汇率 3. 外汇市场 4. 外汇掉期交易 5. 中间汇率 6. 市场汇率 7. 即期汇率 8. 基础汇率 9. 远期升水 10. 远期汇率	A. 在自由外汇市场上买卖外汇的实际汇率 B. 外国货币和以外国货币表示的用于国际结算的支付手段 C. 外汇买卖双方成交后，当时或两个工作日内进行的外汇交割所采用的汇率 D. 一国货币与另一国货币的比率或比价 E. 狭义上讲是指进行外汇交易的有形的固定场所，即由一些指定外汇银行、外汇经纪人和客户组成的外汇交易所 F. 一国货币对国际上某一关键货币（许多国家均以美元作为关键货币）所确定的比价 G. 外汇买卖成交后在约定的到期日进行外汇交割所使用的汇率，一般为1~6个月或12个月后进行交割 H. 一种货币的远期汇率高于即期汇率的差价 I. 买入汇率与卖出汇率相加后除以二 J. 同时买进或卖出金额相等但到期日不同的同种货币的一种外汇交易

四、习题参考答案

（一）名词解释

1. 外汇：是指外国货币和以外国货币表示的用于国际结算的支付手段。外汇是商品生产国际化和国际资产流动的必然结果。

2. 外汇市场：有广义和狭义之分。狭义的外汇市场是指进行外汇交易的有形的固定场所，即由一些指定外汇银行、外汇经纪人和客户组成的外汇交易中心。

3. 直接标价法：是指以一定数量的外国货币单位（如100）折合若干本国货币的标价方法。

4. 间接标价法：是指以一定单位的本国货币折合若干外国货币的标价方法。

5. 即期汇率：是指外汇买卖双方成交后，对当时或两个工作日内进行的外汇交割所采用的汇率，也是外汇市场上使用最多的汇率。

6. 远期汇率：是指外汇买卖成交后在约定的到期日进行外汇交割所使用的汇率，一般为1~6个月或12个月后进行交割。

7. 套汇交易：是指利用两个或两个以上外汇市场上某些货币的汇率差异进行外汇买卖，从中套取差价利润的交易方式。

8. 外汇掉期交易：是同时买进或卖出金额相等但到期日不同的同种货币的一种外

汇交易。

9. 外汇套利交易：是指利用不同国家或地区短期利率的差异，将资金由利率较低的国家或地区转移到利率较高的国家或地区进行投放，从中获取利息差额收益。

10. 外汇投机交易：是指在预测外汇汇率将要上升时先买进后卖出外汇，在预测外汇汇率将要下降时先卖出后买进外汇的行为。

11. 外汇银行：是指由各国中央银行或货币当局指定或授权经营外汇业务的银行。它是外汇市场上最重要的参与者。

12. 外汇经纪人：是指介于外汇银行之间、外汇银行和其他外汇市场参加者之间，为买卖双方接洽外汇交易并赚取佣金的中间商。

（二）判断正误

1. √
2. ×（不是国际支付手段）
3. ×（柜台市场）
4. √
5. ×（直接标价法）
6. ×（广义的外汇市场）
7. √
8. √
9. ×（没有固定场所和开盘与收盘时间）
10. √
11. ×（主要因素）
12. √
13. ×（间接套汇，也称为三角套汇或多角套汇）
14. ×（长期原因）
15. ×（参考一篮子货币调节、管理）
16. √

（三）单项选择题

1. C	2. B	3. D	4. C	5. A
6. C	7. B	8. D	9. C	10. A
11. D	12. A	13. C	14. A	15. B

（四）多项选择题

1. ABCDE	2. ABE	3. ABCD	4. CD	5. ABDE
6. ABD	7. ABC	8. ABCE	9. ABE	10. ABCDE

11. ACDE　　12. ABCDE

（五）连线题

1B	2D	3E	4J	5I
6A	7C	8F	9H	10G

五、相关案例分析

人民币汇率市场化改革稳健前行

我国已经进行了三次比较大的汇率形成机制改革。

在改革开放初期，我国实行的是单一的汇率制；1981 年到 1984 年，实行官方汇率与外汇内部结算价并行的双重汇率制度；1985 年到 1993 年，采取的是官方汇率与外汇调剂的结算价。

这是从我们国家当时的开放程度来考虑的，同时也与整个市场机制改革的进程相适应。当时外汇资源稀缺，就鼓励创汇，一点点地放开，对出口企业允许有一些外汇留成，这样拿到外汇调剂市场进行结算，外汇调剂价格比官方汇率要高一些。随着经济开放程度的不断扩大和市场改革的逐步深入，当时的汇率制度已经不能适应开放的需要，所以在 1994 年，国务院推出了一次比较重要的汇率形成机制改革。

从经济层面来讲，1993 年的 CPI 达到 14.7%，GDP 增速为 13.9%，固定资产投资的增速高达 61.8%。同时，货物贸易出口和进口之间的关系发生了变化，出现了逆差，当年的外贸逆差达到了 122.2 亿美元，同期中国的外汇储备只有 212 亿美元，人民币对美元的平均汇率是 5.76。在这种背景下，外汇调剂市场汇率贬值的压力急剧上升，外汇调剂价格明显高于官方价格，官方汇率处于明显的高估状态。

从中央决策来讲，1993 年 11 月 14 日，党的十四届三中全会通过了《中共中央关于建立社会主义市场经济体制若干问题的决定》，这个决定应该说在市场化改革方面起到了奠基作用。1993 年 12 月 25 日，国务院发布了《关于金融体制改革的决定》，该决定提出改革外汇管理体制，协调外汇政策和货币政策。

1994 年初，根据建立社会主义市场经济体制的指导思想，国务院推出一揽子改革方案。出台的措施一是汇率并轨，把过去长期实行的双轨制的汇率改成了以市场供求为基础、单一的、有管理的浮动汇率制度；二是取消了外汇留成和上缴制度，实行结售汇制度；三是建立全国统一、规范的外汇交易市场；四是实行经常项目下人民币有条件可兑换。这些就是这次改革的基本内容。

1994 年汇率形成机制改革成效非常明显。首先是稳定了汇率水平。在改革之初，多数人认为人民币汇率难以稳定在 1 美元对人民币 8.7 元，会贬值至 9 元甚至 10 元以上，但是汇率并轨超出了人们的预期，取得了很好的效果，1994 年末，人民币汇率从年初的 1 美元对人民币 8.7 元升值到了 8.5 元。其次是缓解了资本外流的压力。从资本流动来看，1993 年外商直接投资为 275 亿美元，1994 年为 337 亿美元，扭转了改革前资本流出的趋势。最后是增强了贸易竞争力。1994 年我国出口增长 31.9%，进口增长 11.3%，当年扭转贸易逆差，实现 53.9 亿美元顺差；1995 年出口增长 23%，进口增长 14.3%，顺差扩大至 167 亿美元。我国的外汇储备从 1993 年底的 212 亿美元，上升到 1994 年末的 516 亿美元，此后几年继续大幅增长。总的来说，1994 年汇率形成机制改革还是比较成功的，是一次重要的改革。

在 2005 年的汇率形成机制改革中，中间价成为政策风向标。这次改革的背景是怎样的呢？值得注意的背景，一个是 2001 年中国加入世界贸易组织（WTO），另一个是美联储当年 11 次调降基准利率，从上年末的 6.5% 调降至 1.75%，2002 年和 2003 年继续调降利率，短期资本开始大量流入中国。对我们国家来说，2000 年到 2005 年也出现了很大的变化。一是经常账户的顺差从 200 亿美元上涨到 1300 亿美元。二是实际使用的外商直接投资（FDI）从 400 亿美元上升到 600 亿美元，资本和金融账户的顺差从 20 亿美元暴增至 912 亿美元，外汇储备从 1655 亿美元增长到 8188 亿美元。2000—2005 年，整体经济进入高速增长阶段，2005 年 GDP 增速已经达到 11.4%。2005 年全年居民和企业净结汇的金额达到 2800 亿美元，人民币在这个时候面临着比较大的升值压力。

2003 年 10 月，党的十六届三中全会通过《中共中央关于完善社会主义市场经济体制若干问题的决定》，在金融改革方面，一是深化金融企业改革，夯实金融微观基础；二是推进利率市场化，建立健全由市场供求决定的利率形成机制；三是完善人民币汇率形成机制，保持人民币汇率在合理、均衡水平上的基本稳定，在有效防范风险的前提下，有选择、分步骤地放宽对跨境资本交易活动的限制，逐步实现资本项目可兑换。

2003 年以后，我国金融发展的基础得到了进一步夯实，国有商业银行的改革加快，剥离不良资产，提高资本充足率，通过股份制改革方案。2005 年建设银行上市，同年工商银行也完成了股份制改造，2006 年中国银行和工商银行上市，非银行金融机构的规模也在不断扩大。同时“一行三会”的金融监管格局形成，金融监管能力得到提高。

2005 年 7 月 21 日，中国人民银行公布了人民币汇率形成机制改革方案，改革方案的内容主要包括，改变早先的人民币盯住美元制度，实行以市场供求为基础、参考一篮子货币调节、有管理的浮动汇率制度；人民币汇率对美元一次性升值 2.1%，从 8.28 升至 8.11；人民币汇率中间价由参考上日银行间市场加权平均价确定，改为参考上日收盘价，但维持人民币汇率日浮动区间 ±0.3% 不变。2006 年 1 月 4 日，中央银行进一步引入了做市商制度和询价交易机制，改变中间价的定价方式。

2005 年汇率形成机制改革的成效也比较明显。第一，有效应对了中国加入世界贸易组织所面临的挑战，同时也促进了中国的对外开放和经济增长，增强了中国的综合国力。2005 年中国经济排名世界第五位，2006 年超过英国成了第四位，2007 年超过德国成为第三位，2010 年超过日本成为世界第二大经济体。第二，在应对国际金融危机当中起到了重要的支撑作用，提升了人民币的国际地位。境外的离岸市场开展人民币国际化业务，特别是香港的离岸市场日益活跃，为人民币“走出去”打下了坚实的基础。

本次汇率形成机制改革之后，我国经济增长的模式开始改变。同时，这个时期外汇储备大幅度增长，为我们增强了“走出去”的实力。第二次改革，总体来说是比较成功的。可以说1994年的汇率形成机制改革，让我们渡过了亚洲金融危机带来的冲击，2005年的汇率形成机制改革让我们成功应对了国际金融危机带来的挑战。

第三次是2015年的汇率形成机制改革，这是向浮动汇率转变的一次有益尝试。这次改革的背景，一是中国的经济地位显著提升，具体来讲就是中国经济进入新常态，经济增速换挡、经济结构优化、增长动力转换，这三个特征比较明显。二是党的十八届三中全会提出市场在资源配置中发挥决定性作用，更好发挥政府作用。三是国家提出“一带一路”倡议，积极发展与沿线国家的经济合作伙伴关系。四是国际收支区域基本平衡，2015年第二季度，经常账户项目顺差约为760亿美元，资本与金融项目逆差约为500亿美元，总体形成了经常项目顺差、资本项目逆差搭配的格局。五是人民币加入SDR货币篮子。六是人民币汇率处于合理水平，不存在大幅升值和贬值的基础。

党的十八大报告对深化金融体制改革、促进宏观经济稳定、支持实体经济发展，提出了很明确的要求。党的十八届三中全会讲到了要加快推进利率市场化，健全反映市场供求关系的国债收益率曲线。推动资本市场双向开放，有序提高跨境资本和金融交易的可兑换程度，加快实现人民币资本项目可兑换。党的十八大报告中讲到了逐步实现，党的十八届三中全会提出加快实现人民币资本项目可兑换。“十三五”规划纲要又提出有序实现人民币资本项目可兑换，提高可兑换、可自由使用的程度，稳步推进人民币国际化，推进人民币“走出去”。

2015年8月11日，中国人民银行公布了这次改革一个很重要的内容，就是对中间价报价机制进行改革。人民币对美元汇率中间价报价，要参考上一个交易日的收盘汇率。在这个过程中，为了保持人民币稳定，2015年12月11日发布了人民币汇率指数，强调要加大参考一篮子货币的力度，以更好地保持人民币对一篮子货币汇率的基本稳定。此后，在收盘价基础上，又进一步引入了一篮子货币以及逆周期因子。

案例讨论

人民币汇率形成机制改革有哪些成功经验?

案例分析

第一个方面是坚持市场化的改革方向。人民币汇率形成机制改革，始终遵循市场化的改革方向，逐步减少政府对人民币汇率的直接干预。

第二个方面是始终坚持改革的自主性。在人民币汇率形成机制改革过程中，我们始终坚持从我国的根本利益和现实情况出发，决定汇率改革的方式、内容和时机。1998年亚洲金融危机期间，我国仍然坚持汇率稳定，维持了汇率制度的可信性，向市场传递了清晰的信号，有效稳定了国内价格预期。

2008年国际金融危机爆发后，以美国为首的G7、G20以及IMF等都在不同场合强烈要求人民币升值。中国政府坚定维护自我利益，坚持以我为主，为应对危机作出了贡献。

第三个方面是坚持改革的渐进性。我们的改革是循序渐进的，无论是汇率形成机制的改革，还是资本项目的开放，都是按照我们国家总体经济的基本面和改革的需要来推进的。

第四个方面是坚持改革的可控性，尽可能减少对宏观经济的冲击，防止对外向型企业的打击，避免金融出现大的波动。2005 年的汇率形成机制改革之后，人民币汇率定价权始终掌握在货币当局手中，避免了汇率巨幅波动。

总的来说，这 40 年来，人民币汇率形成机制改革始终是在党中央的坚强领导下进行的；改革的目标始终朝着市场化的方向推进，是与我国市场经济改革的总体进程基本适应的；改革始终坚持自主性、渐进性、可控性的原则，与我国对外开放的总体进程是相匹配的。

案例参考资料

人民币汇率市场化改革稳健前行，载中国社会科学院官网，http：//cass. cssn. cn/yuanlingdao/xiefuzhan/lingdaohuodong/201808/t20180829_4550732. html。

第八章　保险市场

一、学习提要

1. 保险是指具有同类风险的众多单位或者个人，通过缴纳保险费用（保费），积聚保险基金，用于对少数缴费个体因自然灾害、意外事故所导致的经济损失给予一定补偿，或对人身伤亡、丧失工作能力给予经济保障的一种制度。保险是在市场经济条件下，减少未来可能发生的不确定事件导致的财物损失、实现风险转嫁的一种重要手段。

2. 保险市场的概念有狭义与广义之分。狭义的保险市场是指集中进行保险交易活动的具体场所，是实现保险产品交换的固定的有形市场。广义的保险市场主要体现保险的参与主体，是指保险市场的各个参与者之间进行保险交易活动的分散的无形市场。广义的保险市场涵盖了狭义的有形市场的概念，聚焦于保险的交易活动而不局限于固定的交易场所。

3. 保险市场运行的基本原则是最大诚信原则、保险利益原则、近因原则、损失补偿原则和责任分摊原则。

4. 保险市场由各种市场主体构成。市场主体是指保险交易活动的市场参与者，包括投保人、保险人和保险中介人。保险市场的交易具有风险性、原则性、射幸性等特征。

5. 保险市场的需求是一个总括性概念，是在各种不同的费率水平上，投保人购买保险商品数量的总和，是整个保险市场的保险保障需求的集合，也是保险业赖以发展的基础。影响保险市场需求的因素主要有：风险因素、经济发展水平、居民收入水平、保险商品价格、人口因素、政策因素。

6. 保险市场的供给通过保险人的承保能力来度量，是各个保险企业的承保能力的总和，表现在两个方面：从供给类型看，保险市场供给体现为保险人所提供的各种保险保障，即各种险种，如人身保险、财产险、责任险和信用保证保险等；从供给数量看，保险市场供给体现为各种险种所提供的经济保障的总额度，即全社会所有保险人对社会经济所担负的全部风险责任的总量。

7. 保险市场供给受到多种因素影响，主要有以下几个方面：保险需求、保险公司的经营资本与偿付能力、承保技术水平、保险利润率、保险费率、保险市场的竞争程度、政策因素。

8. 保险投资是保险公司在组织经济补偿的过程中，利用自有资金和保险准备金，按照法律规定的渠道与用途进行投资，以获取投资收益，实现保险基金保值和增值的活动。

二、重点内容导读

（一）保险市场运行的基本原则

保险业在自身发展过程中形成了一套公认的市场准则，作为保险市场健康运行的基础。

1. 最大诚信原则。最大诚信原则是指保险市场的参与者在交易过程中，必须具有最大诚意。该原则对市场参与主体的要求包括告知与说明、保证、弃权与禁止反言等基本内容。告知与说明要求投保人或被保险人在签订保险合同时，要将保险标的的风险状态和有关事项告知保险人，在保险标的风险增加或保险事故发生后，及时告知保险公司；要求保险人在签订保险合同时，应当向投保人如实说明合同条款内容，特别是对投保人或被保险人利益影响重大的内容，要作出重点提示，并主动询问保险标的或被保险人情况。保证是保险人承担保险责任、签订保险合同的前提，要求投保人对相关事项或合同内容作出保证；如果被保险人违反保证事项或合同内容，保险合同宣告失效，保险人有权拒绝赔偿损失。弃权与禁止反言要求保险人一旦放弃合同中的某项权利，未来不得再向对方索取该权利。

2. 保险利益原则。投保人或被保险人对保险标的所具有的经济利益称为保险利益。保险利益必须具备真实合法、客观存在和货币可测度的性质，这也是保险合同生效的前提条件。坚持保险利益原则的目的在于预防道德风险，避免投保人利用保险合同牟取不当利益的行为发生，同时有助于保险人确定保险赔付的准确金额，承担合理的赔偿责任。

3. 近因原则。在保险赔偿处理过程中，保险人应通过判断风险事故与保险标的损失之间的因果关系，来确定保险赔付责任，而近因原则是赔偿过程中所必须遵循的原则。保险赔偿上的近因是指风险事故发生时，最直接、最有效的导致保险损失产生的原因，是保险损失的主导原因，而不是指在时间或空间上造成保险损失发生的最近的原因。根据近因原则，如果单一近因导致保险损失，同时该近因属于保险风险，则保险人将负责赔偿被保险人损失；如果有两种或两种以上的原因造成保险标的损失，就需要找出最先出现并且造成事故发生的近因，只有该近因为保险风险，保险人才负责赔偿。

4. 损失补偿原则。财产保险理赔过程中必须遵循损失补偿原则。损失补偿原则是指保险人对被保险人的经济损失给予补偿时，被保险人所获得的补偿金额不得超过因保险事故所造成的经济损失总额，即被保险人财产最多只能恢复到损失发生之前的水平，不能通过保险赔偿获得额外财产收益。具体来看，损失补偿原则对财产保险理赔的赔偿金额作出如下要求：保险人的赔偿金额不得超出损失标的的市场价值，不得超出保险金额，不得超出保险人对保险标的所具有的实际保险利益的上限。当市场价值、保险金额和保险利益三者金额不一致时，保险人的赔偿金额以最小者为限。

5. 责任分摊原则。重复保险理赔过程中必须遵循责任分摊原则。重复保险是指投保人针对同一保险标的或保险事故下的保险利益，与两个或两个以上的保险人签订保险合同。责任分摊原则是指在重复保险合同内，按照法律规定或保险合同约定，多位保险人共同承担保险标的损失的赔偿责任。多位保险人按照事先确定的责任划分比例来确定各自的赔偿金额，但是保险赔偿金额的总和不得超过保险标的的实际损失金额，以防止被保险人通过投保而获得额外收益，违背损失补偿原则。

（二）保险市场的构成要素

保险市场由各种市场主体构成，市场主体是指保险交易活动的市场参与者，包括投保人、保险人和保险中介人。

1. 投保人又称要保人。我国《保险法》规定，投保人是指向保险人提出购买保险的要约，经保险人审核同意后，双方签订保险合同，并按照合同规定负有支付保险费义务的人。投保人是保险市场的需求方，是保险单的购买者，可以是法人，也可以是自然人。作为投保人应当具备两个基本条件：（1）因为签订保险合同是一种法律行为，投保人作为签订保险合同的一方当事人，必须具有民事权利能力和完全行为能力。未取得法人资格的组织与无行为能力的自然人均不具备投保人资格，所签订的保险合同不具备法律效力。（2）投保人对保险标的必须具有可保利益，即具有法律承认的经济利益，否则投保人不能与保险人订立保险合同，若保险人在不知情的情况下与不具有可保利益的投保人签订了保险合同，该保险合同无效。财产保险的可保利益来源于投保人对保险标的财产所拥有的各种权利，如财产所有权、经营权、使用权、保管权、抵押权和留置权等；人身保险的可保利益来源于保险人与被保险人之间所具有的各种利害关系，如人身关系、亲属关系、雇佣关系和债权债务关系等。

2. 保险人又称承保人，是指通过与投保人签订保险合同，收取保险费建立保险基金，实现对被保险人的损失赔偿或给付保险金责任的组织或机构。保险人是保险市场的供给方、保险单的出售者。保险人必须是法人，自然人不能作为保险人。目前，保险人的组织形式主要有国营保险公司、保险股份有限公司、相互保险公司、相互保险社和个人保险组织。

3. 保险中介人是指介于保险经营机构与投保人之间或保险经营机构之间，专门从事保险业务咨询与销售、风险管理与安排、价值衡量与评估、损失鉴定与理算等中介服务活动，并从中依法获取佣金或手续费的单位或个人。保险中介人的作用在于，作为保险市场的媒介，为投保人和保险人提供服务，把供需双方联系起来，建立起有效的保险合同关系。保险中介人已经成为现代保险市场不可或缺的重要因素，也是衡量保险市场发达程度的重要标准。保险中介人主要有保险代理人、保险经纪人和保险公估人。

（1）保险代理人是指按照保险人委托，在保险人授权的范围内，代为办理保险业务，并依法向保险人收取代理手续费或佣金的单位或个人，其权限包括推销保险，签发保险单或暂保单，代为查勘、审核、赔款和代为收取保费等。

（2）保险经纪人是基于投保人的利益，为投保人与保险人订立保险合同提供中介服务，并依法收取佣金的中介机构，包括保险经纪公司及其分支机构。保险经纪人为投保人提供的中介服务主要有：安排投保方案、提供信息咨询与风险管理、代表投保人与保险人接洽商定保险合同条件、代办投保手续、代缴保险费、协助索赔与追偿等。

（3）保险公估人是指依照法律规定设立，受保险公司、投保人或被保险人委托，专门从事保险标的的查勘、评估、鉴定、估损以及赔款理算，并向委托人收取酬金的公司。保险公估人的主要职能是接受委托人要求，对保险标的进行检验、鉴定和理算，并出具保险公估报告。此外，公估人也具备一定的公正性，因此其地位超然，不代表任何一方的利益，属于保险市场的第三方中介公司，使保险赔付趋于公平、合理，有利于调解保险当事人之间关于保险理赔方面的矛盾。

（三）影响保险市场需求的因素

从本质上看，保险需求是由于客观世界的不确定性风险与人们对这种不确定性风险可能造成的经济损失承担能力的有限性的矛盾产生的。因此，保险需求受到多种因素的影响，主要包括以下几个方面：

1. 风险因素。风险的存在是产生有效保险需求的前提，保险商品服务的具体内容就是各种客观风险，“无风险，则无保险”。保险需求总量与风险程度成正比，风险因素存在的程度越高、范围越广，保险需求的总量也就越大；反之，保险需求量就越小。

2. 经济发展水平。保险是社会生产力发展到一定阶段的产物，并随着生产力的发展而发展，保险的需求总量取决于可用于保险的剩余产品数量，因而，经济发展水平与国内生产总值的增长速度，特别是可用于保险的剩余产品价值的增长幅度是保险需求的决定因素。保险需求与经济水平和国内生产总值的增长速度成正比，国内经济水平越高，生产总值增长得越多，社会财富积累得越多，可用于保险补偿的货币增长得越快，保险需求量就越大，反之，保险需求量就越小。

3. 居民收入水平。衡量需求变化对收入变化的反应程度的指标是保险需求的收入弹性，表示收入变化百分之一时，保险需求变化的百分比。不同保险险种的需求收入弹性不尽相同，但是该指标一般都大于1，因此，居民收入水平的增长将会带来保险需求更大比例的增长。此外，随着居民收入的提高和个人财富的积聚，在总消费中，生存需求的消费比重逐步下降，用于发展和享受的消费比例不断提高，对应的安全需求成为日常消费中不可或缺的部分，比重也随之上升，从而带来保险结构的变化，扩大了保险需求。

4. 保险商品价格。保险商品价格就是保险费率，这是影响潜在的保险需求向有效保险需求转化的重要因素。保险需求受到投保人的保费支付能力的影响，与保险费率成反比，保险费率越高，保险需求越小。从个人角度看，保险费率偏高，个人的货币收入有限，已无力支付高额的保险费，而不得不削减自身的保险需求；从企业角度来看，支付高额的保险费将会增加企业成本，减少自身利润，同时，商品的保险费提高，企业被迫提高产品定价，使得其产品在市场竞争之中处于不利地位，这些都会使得企业减少保险需求。反映保险需求变化对保险商品价格变化反应程度的指标是保险需求的价格弹性，不同险种的保险需求价格弹性不尽相同，但是该弹性指标一般都为负值。

5. 人口因素。保险业的发展与人口状况有着密切联系，人口因素包括人口总量和人口结构。保险的需求一般与人口总量成正比，特别是人身保险，人口总量越高，对保险需求就越多，反之就越少。人口结构主要包括年龄结构、职业结构、文化结构和民族结构等，年龄风险、职业风险、文化程度和民族习惯不同，将会影响个人的消费习惯，从而影响保险需求结构。

6. 政策因素。保险市场对政策因素非常敏感，政策的变化对保险需求有着直接的影响。人身保险需求与人口总量成正比，如果一国制定了积极的人口政策，提高人口出生率，鼓励生育，一般会带动保险需求的增长。

（四）保险投资的概念与原则

保险投资是保险公司在组织经济补偿的过程中，利用自有资金和保险准备金，按照法律规定的渠道与用途进行投资，以获取投资收益，实现保险基金保值和增值的活动。

保险投资资金主要来源于保险公司的自有资金、非寿险责任准备金和寿险责任准备金三种。自有资金包括保险公司的注册资本金和公积金。非寿险责任准备金的保险期限较短，一般包括未到期责任准备金、未决赔款责任准备金、已发生未报告赔款准备金和总准备金等。寿险责任准备金是指寿险保险公司为将要发生的保险责任而提存的资金，其期限具有长期性，一般包括预收保费、费用准备金、保单利息、分红特别储备和万能平滑准备金等。

保险投资的形式通常有购买债券、投资股票、投资不动产、用于贷款、银行存款等，各国政府基于风险的考虑，对保险投资采取不同的监管方式，对投资渠道和结构都作出明确限制。我国《保险法》规定，保险投资主要限于银行存款，买卖债券、股票、证券投资基金份额等有价证券，投资不动产，国务院规定的其他资金运用形式。

保险投资原则与商业银行的经营活动相一致，都要遵循安全性、盈利性和流动性原则。保险公司在开展投资活动时，出于自身经营的安全性考虑，必须遵循法律的有关规定，严格控制资金用途和投资风险，尽量选择安全性较高的投资项目和避免投资损失，保证投资本金与利润收入能够如期收回，提高保险投资的收益和盈利水平，实现保险基金保值和增值。同时，保险公司开展投资活动的资金大部分来源于所收取的保费，这使得保单到期期限与投资活动的时间存在一定的不一致性，因此，保险公司要保证自身经营的流动性合理、充裕，根据资金来源情况确定投资活动的期限结构，使保险公司的资产与负债相匹配，避免期限错配的情况发生。

三、习题

（一）名词解释

1. 保险
2. 保险市场
3. 最大诚信原则
4. 保险代理人
5. 保险经纪人
6. 保险公估人
7. 再保险市场
8. 保险市场需求
9. 保险有效需求
10. 保险供给
11. 保险投资

（二）判断正误

1. 1384 年，世界上第一份标有明确保险标的和明确保险责任的现代意义的保险单在意大利佛罗伦萨诞生。(　　)

2. 在最大诚信原则中，弃权与禁止反言是对投保人的约束。(　　)

3. 近因是指在时间或空间上造成保险损失发生的最近的原因。(　　)

4. 投保人对保险标的必须具有法律承认的经济利益，否则投保人不能与保险人订立保险合同。(　　)

5. 财产保险是以各种有形的物质财产作为保险标的，主要包括的保险险种有财产险和信用保证保险。(　　)

6. 保险自然需求是消费者基于风险的客观存在而产生的对保险保障的本能需求，是消费者出于安全、稳定等目的，对保险商品的需求。(　　)

7. 保险需求与经济水平和国内生产总值的增长速度成反比。(　　)

8. 保险市场的供给通过保险人的承保能力来度量，是指各个保险企业的承保能力的总和。(　　)

9. 保险投资资金主要来源于保险公司的寿险责任准备金和非寿险责任准备金。(　　)

10. 保险投资资金的安全性要求拓展了资本市场的金融工具。(　　)

（三）单项选择题

1. 在最大诚信原则中，（　　）是针对投保人的单方面约束。

A. 告知　　B. 说明　　C. 保证　　D. 弃权与禁止反言

2. 当市场价值、保险金额和保险利益三者金额不一致时，保险人的赔偿金额以（　　）为限。

A. 最大者　　B. 最小者　　C. 市场价值　　D. 保险金额

3. （　　）作为保险市场的媒介，为投保人和保险人提供服务，把供需双方联系起来，建立起有效的保险合同关系。

A. 保险代理人　　B. 保险经纪人

C. 保险公估人　　D. 保险中介人

4. （　　）是决定保险公司财务状况和经营效益的重要指标，也是保险公司风险管理能力的重要体现。

A. 保险营销　　B. 保险承保　　C. 防灾防损　　D. 保险理赔

5. 保险人是否履行合同，是否进行风险损失补偿，取决于保险合同在有效期内是否发生约定的风险损失，这体现了保险市场（　　）的交易特征。

A. 风险性　　B. 原则性　　C. 射幸性　　D. 客观性

6. 根据保险交易对象的不同，保险市场可以分为财产保险市场和（　　）。

A. 人身保险市场　　B. 人寿保险市场

C. 再保险市场　　D. 责任险市场

7. 原保险市场与再保险市场的主要区别在于（　　）不同。

A. 保险风险　　B. 保险价值

C. 保障对象　　D. 保险责任

8. 保险利益原则要求（　　）必须具有经济利益，这是保险需求存在的首要前提。

A. 保险标的　　B. 投保人

C. 保险人　　D. 保险中介人

9. 为了防范保险风险，提高保险公司的保障能力，各国对保险人的（　　）都作出相应规定。

A. 经营资本和承保技术水平　　B. 注册资本和保险费率

C. 注册资本和偿付能力　　D. 经营资本和偿付能力

10. 保险公司经营活动的目的是追求（　　），这使得保险公司有必要积极开展投资活动。

A. 安全　　B. 盈利

C. 流动　　D. 提供保障

（四）多项选择题

1. 保险的基本原则包括（ ）。

A. 最大诚信原则　　B. 保险利益原则
C. 近因原则　　D. 损失补偿原则
E. 责任分摊原则

2. 保险市场的交易主要包括（ ）等环节。

A. 保险营销　　B. 保险承保
C. 防灾防损　　D. 保险理赔
E. 再保险

3. 保险市场的交易特征有（ ）。

A. 风险性　　B. 流动性
C. 原则性　　D. 射幸性
E. 盈利性

4. 责任险是以被保险人依法应付的民事损害赔偿责任作为保险标的的一种险种类型，具体包括（ ）。

A. 产品责任险　　B. 雇主责任险
C. 职业责任险　　D. 公众责任险
E. 第三方责任险

5. 下列各项中（ ）属于财产险。

A. 火灾保险　　B. 汽车保险
C. 贷款信用保险　　D. 产品质量保证保险
E. 航空保险

6. 人身保险参照一定模型和生命周期表，以（ ）为计算基础，来确定人身保险费率。

A. 被保险人的收入　　B. 保险合同的期限
C. 被保险人的死亡率　　D. 被保险人的生存率
E. 合同期限内的利息率

7. （ ）已经成为世界上规模最大和承保能力最强的国际保险市场。

A. 日本东京　　B. 法国巴黎
C. 英国伦敦　　D. 美国纽约
E. 中国上海

8. 保险需求可以分为（ ）。

A. 人身保险需求　　B. 保险自然需求
C. 保险潜在需求　　D. 保险有效需求
E. 财产保险需求

9. 影响保险市场供给的因素有（　　）。

A. 保险需求

B. 居民收入水平

C. 保险公司经营资本与偿付能力

D. 承保技术水平、保险利润率、保险费率

E. 保险市场的竞争程度

10. 保险投资的形式通常有（　　）。

A. 购买债券　　B. 投资股票

C. 投资不动产　　D. 用于贷款

E. 银行存款

（五）连线题（找出每个词汇的正确含义，并用实线连接）

词汇	含义
1. 保险利益	A. 以各种有形的物质财产作为保险标的的险种类型
2. 投保人	B. 以信用保险作为保险标的的险种类型
3. 再保险	C. 与保险人签订保险合同，并按照合同规定负有支付保险费义务的人
4. 财产保险	D. 在现有的经济发展水平下，保险业专家对未来保险市场容量的一种测度与判断
5. 人身保险	E. 投保人或被保险人对保险标的具有的经济利益
6. 责任险	F. 消费者有货币支付能力的保险需求
7. 信用保证保险	G. 消费者基于风险的客观存在而产生的对保险保障的本能需求
8. 保险自然需求	H. 保险公司将其承保的保险标的责任的一部分转移给其他保险公司或再保险公司
9. 保险潜在需求	I. 以被保险人依法应付的民事损害赔偿责任作为保险标的的险种类型
10. 保险有效需求	J. 以人的生命和身体机能作为保险标的的险种类型

四、习题参考答案

（一）名词解释

1. 保险：是指具有同类风险的众多单位或者个人，通过缴纳保险费用（保费），积聚保险基金，用于对少数缴费个体因自然灾害、意外事故所导致的经济损失给予一定补偿，或对人身伤亡、丧失工作能力给予经济保障的一种制度。

2. 保险市场：狭义上讲是以保险单作为交易对象，实现保险商品交换的场所。

3. 最大诚信原则：是指保险市场的参与者在交易过程中，必须具有最大诚意。该原则对市场参与主体的要求包括告知与说明、保证、弃权与禁止反言等基本内容。

4. 保险代理人：是指按照保险人委托，在保险人授权的范围内，代为办理保险业务，并依法向保险人收取代理手续费或佣金的单位或个人。

5. 保险经纪人：是基于投保人的利益，为投保人与保险人订立保险合同提供中介服务，并依法收取佣金的中介机构，包括保险经纪公司及其分支机构。

6. 保险公估人：指依照法律规定设立，受保险公司、投保人或被保险人委托，专门从事保险标的的查勘、评估、鉴定、估损以及赔款理算，并向委托人收取酬金的公司。

7. 再保险市场：即原保险人将已经承保的部分直接保险业务和相关风险责任，通过再保险合同的形式，转分给再保险人形成的市场，又称为保险二级市场。

8. 保险市场需求：是一个总括性概念，是在各种不同的费率水平上，投保人购买保险商品数量的总和，是整个保险市场的保险保障需求的集合，也是保险业赖以发展的基础。

9. 保险有效需求：是指消费者有货币支付能力的保险需求，一般把实收保费作为衡量保险有效需求的指标。

10. 保险供给：是与保险需求相对的概念，是指在一定的费率水平上，生产者（保险人）在保险市场上愿意并且有能力提供的保险商品数量，是保险人对保险保障的供给总量。

11. 保险投资：是保险公司在组织经济补偿的过程中，利用自有资金和保险准备金，按照法律规定的渠道与用途进行投资，以获取投资收益，实现保险基金保值和增值的活动。

（二）判断正误

1. √
2. ×（保险人）
3. ×（风险事故发生时，最直接、最有效的导致保险损失产生的原因）
4. √
5. ×（财产险、责任险和信用保证保险）
6. √
7. ×（正比）
8. √
9. ×（自有资金、非寿险责任准备金和寿险责任准备金三种）
10. √

（三）单项选择题

1. C	2. B	3. D	4. B	5. C
6. A	7. C	8. A	9. D	10. B

（四）多项选择题

1. ABCDE	2. ABCDE	3. ACD	4. ABCDE	5. ABE
6. CDE	7. CD	8. BCD	9. ACDE	10. ABCDE

（五）连线题

1E	2C	3H	4A	5J
6I	7B	8G	9D	10F

五、相关案例分析

保险业服务“一带一路”的战略思考

当前，我国金融业加快双向开放，保险业必须紧跟国家战略，加快“走出去”，充分发挥风险管理、资金融通的专业价值，更好更全面地服务“一带一路”建设，为中国海外利益保驾护航。日本、德国等发达国家的历史经验具有很大的借鉴价值。中国保险企业应抢抓“一带一路”建设带来的战略机遇，加快“走出去”，全面提升国际竞争力。

一、我国保险业服务“一带一路”建设处于起步阶段

一是政策支持框架初步形成。2014 年《国务院关于加快发展现代保险服务业的若干意见》提出，要“加大保险业支持企业‘走出去’的力度，鼓励中资保险公司尝试多形式、多渠道‘走出去’，为我国海外企业提供风险保障”。2017 年《中国保监会关于保险业服务“一带一路”建设的指导意见》提出，要“提升保险业服务‘一带一路’建设的渗透度和覆盖面，构建‘一带一路’建设保险支持体系，创新保险产品服务，构建‘一带一路’保险服务网络”。

二是产品和服务创新初见成效。目前中资保险公司已基本可以覆盖“一带一路”常规险种，并在产品和服务创新上进行积极探索。中国出口信用保险公司发挥政策性机构优势，通过保险产品以及商账追收、资信评估等服务，助力实体企业破解“有单不敢接”“有单无力接”难题。中国人保财险公司、中国财产再保险公司等国内保险机构共同组建首台（套）重大技术装备保险共保体，大力支持重大技术装备出口。中国再保险集团与中国安保共同体独家战略合作，为中国赴海外人员提供“中国保险＋中国安保”综合保险保障，“国人国保、国家再保”品牌得到市场认可和社会良好反响。

三是海外机构和服务网络稳步推进。截至 2016 年底，12 家中资保险公司在海外共设有 22 家保险承保类营业机构、11 家保险资产管理机构和 5 家保险中介机构，中国太平集团、中国再保险集团、中国人保集团、中国人寿集团等国有企业海外机构布局相对积极。在区域选择上，主要围绕香港、伦敦、新加坡等全球金融中心开展。此外，中国再保险集团注重国际合作，自 2017 年以来，已与 27 家所在国最大的保险和再保险公司签署合作备忘录，境外服务网络已覆盖全球 121 个国家和地区，其中“一带一路”

沿线国家47个，可以为中国企业提供查勘定损、理赔救援等本地化服务。

四是再保险先行军作用初步展现。受监管壁垒、文化差异、机构网点等因素影响，保险业“走出去”先后顺序一般为再保险、财产保险和人寿保险。再保险作为保险的保险，无须直接面对投保人，市场准入和监管相对宽松，必须借助全球组合分散风险，天然是保险业“走出去”的先行军。作为我国唯一的国有再保险集团，中国再保险集团与上百个国家、上千家保险和再保险机构都有业务合作，在全球主要再保险中心有5家分支机构。2016年，在监管部门的支持下，中国再保险集团积极倡导开展“一带一路”国际保险再保险共同体前期研究，获得行业广泛响应，已取得积极成果；并应新加坡金融管理局邀请，担任新加坡“一带一路”保险联合体管理机构；还与金砖五国9家主要保险公司签署金砖国家保险再保险支撑体系合作协议，目前在业务拓展上初见成效。

二、我国保险业服务“一带一路”建设面临的困难和挑战

我国保险业在服务“一带一路”建设方面取得了积极成果，但是“走出去”步伐慢于银行业，更是落后于实体经济，全球化经验比较欠缺。不平衡不充分的保险供给，与“一带一路”建设日益推进、不断升级的保险需求之间的矛盾正在凸显。

一是“一带一路”建设对保险的价值认知有待提升。在国家顶层设计方面，财政税收、监管创新等政策制度对保险业特别是商业保险和再保险“走出去”的引导支持力度还不够。而“走出去”实业企业对“一带一路”沿线风险管理缺乏充分认知，更多是被动购买保险，采用保险产品组合主动管理风险的思想意识和技术能力都还比较薄弱，使得很多风险都处于裸露和“应保未保”状态。此外，由于近年来中国保险市场发展良好，国内保险企业的业务重点集中在国内，“走出去”的动力不是很强，缺乏国际化发展的长远规划。

二是保险产品和服务供给能力需要加强。目前中资保险企业海外服务覆盖面较窄，产品供给结构失衡，特别是“一带一路”急需的政治风险、特殊人身意外伤害风险、延期开工风险、跨境并购风险等保险产品缺失或保障性不强。根据估算，2016年中国海外利益财产险和工程险保障需求约为10万亿元人民币，而国内主要商业保险公司为中国海外利益财产险和工程险仅提供了约6500亿元人民币的风险保障，仅占实际保障需求的6.46%。更重要的是，国内保险公司在保险产品开发、产品定价、条款设计、风险管理技术等方面对外资保险/再保险公司、外资保险经纪公司均有很强的依赖性，在查勘定损、救援理赔等本地化服务方面更是基本依赖外资公司提供，影响了“一带一路”建设风险保障的针对性和有效性。

三是重大项目承保能力需要统筹。很多“一带一路”项目都是大型工程，投资金额大、持续时间长，对承保能力和风险保障要求很高。目前中资保险企业仍处于单打独斗、各自为战的状态，在服务“一带一路”建设上整体协同性不强，在分层风险保障体系、稳定的再保险合约支持和行业统一运作平台等必要的统筹机制上基本空白，尚未建立抱团出海的合作机制。

四是海外机构网络布局需要加速。目前中资保险企业主要通过自设方式铺设海外机构，截至2016年底，仅有4家中资保险公司在中国香港、新加坡、印度尼西亚等少数几个“一带一路”沿线国家和地区设有7家营业机构，大幅落后于银行业，同期有9家中资银行在“一带一路”沿线国家和地区设有62家一级营业机构。相比于自设方式，海外并购具有迅速占领目标市场、快速获取机构网络、吸收先进技术经验、弥补自身短板等好处。目前中资保险企业特别是国有保险企业在海外并购上还处于摸索尝试阶段。

五是保险资金参与力度需要加大。目前中资保险企业海外资金运用仍以资产配置全球化为主要目标，很少直接参与“一带一路”项目投资。截至2017年底，中资保险公司境外投资余额近700亿美元，占全行业总资产的3%，远低于15%的监管上限；在配置结构上，以不动产为代表的另类资产占比高达50%，公开市场投资仍然主要集中于中国香港地区。

案例讨论

我国保险业如何服务“一带一路”建设？

案例分析

（一）加强顶层设计，加大对保险业服务“一带一路”建设的政策支持力度

一是建议通过文件形式明确保险在“一带一路”建设中的功能作用，并给予一定的政策支持。例如，针对“一带一路”建设项目出台保险安排指导意见，对参与支持“一带一路”建设的我国保险企业给予一定税收优惠政策支持等；二是重视并推动保险企业参与推进“一带一路”建设各层级的重要工作机制、沟通协调机制。例如，建议在中央推进“一带一路”相关建设工作机制中增加吸收保险企业代表，国家相关部委推动保险企业与国家开发银行、中国进出口银行、商业银行、亚洲基础设施投资银行以及丝路基金等金融机构，与基础设施、资源能源等行业企业建立风险保障相关的对接平台。

（二）加强监管创新，推动保险业更好服务“一带一路”建设

一是建议在监管导向和审批上，鼓励保险企业围绕“一带一路”风险保障需求设点布局及构建相关业务机制。例如，尽快成立“一带一路”国际保险再保险共同体；加快审批保险机构特别是再保险机构在“一带一路”沿线设立新机构；稳妥支持中资保险企业在“一带一路”沿线开展保险主业并购；适当放宽保险资金可投资“一带一路”沿线国家范围。二是加强与“一带一路”沿线国家监管机构的沟通。例如，探索“一带一路”沿线国家在风险监管标准及准入政策方面实现对接，为保险企业在当地设立分支机构争取“国民待遇”；支持和帮助保险企业把握“一带一路”沿线国家监管政策变化，增强境外风险防控能力。

（三）加强能力建设，实现保险企业在服务“一带一路”建设中成长壮大

一是保险企业要结合自身实际，加强国际化战略规划，综合运用多种方式加快海外机构网络布局，构建国内国际市场协同发展格局，同时要从战略高度重视吸引和培

养国际化人才，不断提高国际化经验和能力。二是保险企业要加强保险产品和服务创新，对于服务“一带一路”建设急需的政治风险保障、海外人员综合保障体系、海外投资保险保障、海外并购责任险保障等产品加快研发速度，加大配套服务投入，同时提高保险资金的境外投资能力，为“一带一路”建设提供更全面、多层次的一体化解决方案。三是保险企业要打造“一带一路”朋友圈，广泛联系其他中资同业、海外保险合作伙伴、海外“走出去”实体企业、其他“走出去”金融企业，适时订立战略合作协议、战略联盟、业务共同体等机制，提升海外服务能力。

（四）加强引导支持，充分发挥再保险服务“一带一路”建设的金融先行军作用

再保险是集中化程度很高、资金和技术密集型的高度市场化行业，全球前十大再保险机构累计市场份额超过80%。全球化是再保险企业的最显著特征。慕尼黑再保险公司和瑞士再保险公司欧洲以外业务占比超过60%，印度再保险公司、韩国再保险公司和日本东亚再保险公司的国际业务占比也都高达30%～40%。再保险还是保险产品及服务创新的重要驱动方，基于较雄厚的数据积累、技术能力和合作网络，对保险创新产品设计、产品定价、条款设计、风险管理等均起到引领作用，如中国再保险集团正在通过自有的唯一中资劳合社辛迪加业务团队、各海外机构业务团队等，逐步加大参与中国利益保险市场，力求逐步提高中国保险业在全球的定价权和话语权。

案例参考资料

袁临江：《保险业服务“一带一路”的战略思考》，载《中国金融》，2018（8）。

第九章　金融衍生工具市场

一、学习提要

1. 金融衍生工具是由金融基础资产衍生出来的各种金融合约及其各种组合形式。金融基础资产主要包括货币、外汇、利率工具（如债券、商业票据、存单等）以及股票或股票指数等，因此，金融衍生工具的价值主要受基础资产价值变动的影响。金融衍生工具有多种分类方法：根据基础资产的不同，分为利率衍生工具、外汇衍生工具、股权衍生工具和信用衍生工具；按照交易场所不同，分为场内交易的工具和场外交易的工具；根据金融衍生工具自身交易的方法及特点不同，可以分为金融远期、金融期货、金融期权和金融互换这四个基本类型。

2. 金融衍生工具市场有四类交易主体：套期保值者、投机者、套利者和经纪人。金融衍生工具市场的交易组织方式主要为场内交易和场外交易。

3. 金融衍生工具市场的功能主要体现在金融产品定价、风险管理、获利手段和资源配置几个方面。

4. 金融远期作为合约双方同意在未来日期按照敲定价格交换金融资产的合约，是一种相对比较简单的金融衍生工具。金融远期合约规定了将来交换的资产、交换的日期、交换的价格和数量，合约条款因合约双方的需要不同而不同。金融远期合约主要有远期利率协议、远期外汇合约、远期股票合约等。远期合约是非标准化合约，因此它不在交易所交易，而是在金融机构之间或金融机构与客户之间通过谈判签署。

5. 金融期货是允许持有人在将来某一指定月份购买或出售某一金融资产或金融工具的合约。金融期货市场即专门进行金融期货合约交易的场所，一般是指有组织、有严密规章制度的金融期货交易所。目前，国际市场上最主要、最典型的金融期货交易品种有利率期货、外汇期货和股票价格指数期货。

6. 金融互换，是指两个或两个以上的当事人按共同商定的条件，在约定的时间内，交换一定现金流的金融合约。金融互换主要包括利率互换和货币互换（含同时具备利率互换和货币互换特征的交叉货币互换）。

7. 典型的金融互换交易合约上通常包括交易双方、合约名义金额、互换的货币、互换的利率、合约到期日、互换价格、权利义务、价差、中介费用等。

8. 金融期权是一种权利合约，它给予期权的持有人在一定时间按照规定价格购买或出售一定数量的金融资产的权利，也叫金融选择权。

9. 金融期权有多种分类方法：按期权权利性质划分，期权可分为看涨期权和看跌期权；按期权到期日划分，期权可分为欧式期权和美式期权；按敲定价格与标的资产市场价格的关系不同，期权可分为价内期权、平价期权和价外期权；按基础资产的性质划分，期权可以分为现货期权和期货期权。

二、重点内容导读

（一）金融衍生工具的种类

1. 按基础资产分类

根据基础资产的不同，金融衍生工具可以分为利率衍生工具、外汇衍生工具、股权衍生工具和信用衍生工具。

利率衍生工具指以利率或利率的载体为基础工具的金融衍生工具，主要包括远期利率协议、利率期货、利率期权、利率互换以及上述合约的混合交易合约。

外汇衍生工具指以各种货币作为基础工具的金融衍生工具，主要包括远期外汇合约、货币期货、货币期权、货币互换以及上述合约的混合交易合约。

股权衍生工具是指以股票或股票指数为基础工具的金融衍生工具，主要包括股票期货、股票期权、股票指数期货、股票指数期权以及上述合约的混合交易合约。

信用衍生工具是一种金融合约，提供与信用有关的损失保险。对于债券发行者、投资者和银行来说，信用衍生工具是贷款出售及资产证券化之后的新的管理信用风险的工具。

2. 按交易场所分类

按照交易场所不同，金融衍生工具可以分为场内交易的工具和场外交易的工具。前者如股票指数期货，后者如利率互换等。

3. 按交易方式分类

根据金融衍生工具自身交易的方法及特点，金融衍生工具可以分为金融远期、金融期货、金融期权和金融互换这四个基本类型。

金融远期，是指交易双方签订的在未来确定的时间按确定的价格购买或出售某项金融资产的合约。

金融期货，是指交易双方签订的在未来确定的交割月份按确定的价格购买或出售某项金融资产的合约，它与远期合约的主要区别是期货合约是在交易所交易的标准化合约。

金融期权合约的买方享有在未来一定时期按照敲定价格购买一定数量金融产品的权利，而卖方则有义务届时向买方履行交付义务。

金融互换，是指交易双方按照事前约定的规则在未来互相交换现金流的合约。

（二）金融远期合约的种类及缺点

按基础资产的性质划分，金融远期合约主要有远期利率协议、远期外汇合约和远期股票合约。

远期利率协议是买卖双方同意在未来一定时间（清算日），以商定的名义本金和期限为基础，由一方将协定利率与参照利率之间差额的贴现额度付给另一方的协议。

远期外汇合约是指双方约定在将来某一时间按约定的远期汇率买卖一定金额的某种外汇的合约。

远期股票合约是指在将来某一特定日期按特定价格交付一定数量单只股票或股票组合的协议。

远期合约的缺点是：首先，由于远期合约没有固定的、集中的交易场所，因此不利于信息交流和传递，不利于形成统一的市场价格，市场效率较低。其次，由于每份远期合约千差万别，这就给远期合约的流通造成较大不便，导致远期合约的流动性较差。最后，远期合约的履约没有保证，当价格变动对一方有利时，对方有可能无力或无诚意履行交割义务，因此远期合约的违约风险相对较高。

（三）金融期货市场特征

金融期货市场的特征主要体现在其独特和严谨的交易安排形式上。金融期货市场的规则主要包括以下几个方面：

1. 规范的期货合约

期货交易合约具有法律约束力，它必须规范化、标准化，包括合约品种、交易时间、交易数量及单位、价格变动单位、价位涨跌幅度的限定、每日交易限量、对冲规定、交割期限、违约罚款及保证金数额等。期货合约必须具有以下标准：一是必须是双向合约，以保证其流动性。二是必须简单明确，要简单明了地规定交割时间和价格等重要事项。三是必须使交易程序公开化，买卖双方不能私下增减其内容，必须按交易所规章制度进行交易。

2. 保证金制度

期货交易不必支付合约的全部价款，只需缴纳一定比例的保证金给经纪公司即可。保证金的作用是防止客户发生亏损时交不出钱，所以买卖双方都要交付保证金，这是期货市场与现货市场的主要区别之一。客户交付保证金，一是保护了经纪公司的利益，当客户亏损时，经纪公司可以用保证金支付；二是能抑制过分投机，当价格剧烈波动、投机猖獗时，经纪公司有权根据当时的市场情况和监管要求增加保证金数额，以抑制投机过度现象。

3. 期货价格制度

在交易所里，行情变动对金融期货交易非常重要，为保证期货市场能按照公平竞争的原则稳定地运行，期货交易所对金融期货的价格做了一些规定：

其一，价格单位。金融期货价格一般以市场最小的买卖单元为基础。

其二，价格最小浮动额。金融期货价格浮动有一个最小单位，任何交易商在交易所的公开喊价都不得少于价格最小浮动额。

其三，停板额，又称每日价格浮动限额。它是金融期货在一天之内所允许的最大变动限额。交易所规定了每种金融期货合约在一天之内浮动的最大幅度，超过这个幅度就要停止交易。金融期货价格上升到指定的上限，叫“涨停板”；相反，金融期货价格低到指定的下限，叫“跌停板”。

其四，报价制度。期货交易所的报价制度分为自由叫价制和交易盘叫价制。自由叫价制是指在交易所内通过公开喊价进行交易的方式。交易盘叫价制是将每天的交易分成两盘，每盘又分两节，交易节的时间很短，一般只有几分钟。在交易节中，交易人随着价格板显示的不同价格、数量和期限，表示其交易意图，当出现合适的价格，并且双方的交易数额相同时，交易所就以此盘价结算完成合约。

4. 交割期制度

每种金融期货合约都规定有交割月份、交割日期和交易终结日。交割月份指的是在一年哪几个月内进行交割。交割日期指到期合约进行现货交割的日期。交易终结日是交割日前的第二个交易日。在交易终结日到来之前，合约的持有者可以在期货市场上通过“平仓”来抵消手中合约所代表的权利和义务。一旦过了这一天，交易所就没有这种合约的买卖。合约持有者只有等到交割日用现货进行交割。

5. 期货交易时间制度

各期货交易所都严格限定期货交易时间，一般是 5 天工作制。

6. 佣金制度

佣金是经纪行代客户进行期货交易应取得的报酬。各国计算佣金的办法不同，多少也不一样。经纪行的成本和利润目标决定佣金的高低。成本由以下因素决定：订单的数量、期货品种的风险、交易的难易程度、佣金、交易所的收费以及其他行政性开支等。

（四）金融期货市场的功能

1. 套期保值，转移风险。利用金融期货市场进行套期保值，转移风险，主要是利用期货合约作为将来在期货市场上买卖金融证券的临时替代物，对其现在拥有或将来拥有的资产、负债予以保值。

2. 投机牟利，承担风险，润滑市场。金融行情的变化，使投机者可以利用期货市场进行投机活动，通过保证金交易在期货市场的价格波动中牟取巨额利润，同时也承担巨大的风险。期货市场上的投机活动，既有助长价格波动的作用，同时也有润滑市场和稳定市场的作用。

3. 使供求机制、价格机制、效率机制及风险机制的调节功能得到进一步的体现和发挥。期货市场上的价格是由双方公开竞争决定的，并具有一定的代表性和普遍性，代表了所有市场参加者对于未来行情的综合预期。交易成交的价格，可以说是一个真正反映双方意见、需要和预测的价格；它是市场参与者对当前及未来资金供求、某些金融商品供求、价格变化趋势、风险程度及收益水平的综合判断，是生产者和投资者进行生产和投资决策的重要参考，是确定合理生产、投资及价格的依据，从而也是调节资源分配的重要依据。

（五）金融互换的种类

1. 货币互换。货币互换是指交易双方按固定汇率在期初交换不同种货币的本金，然后按预先确定的日期，进行利息和本金的分期互换。在某些情况下，期初或期末也可以不交换本金。货币互换合约中，除不同货币之间的本金互换外，利息方面可以是不同货币之间的浮动/浮动互换或固定/固定互换或不同货币之间的固定/浮动互换。

2. 利率互换。利率互换即两种货币以不同的利率进行交换，一般都是固定利率交换浮动利率，也有的以一种基准利率的浮动利息交换另一种基准利率的浮动利息，而不交换名义本金。

3. 股票互换。股票互换是以股票指数产生的红利和资本利得与固定利率或浮动利率交换。投资组合管理者可以用股票互换把债券投资转换成股票投资；反之则相反。

4. 信用违约互换。在信用违约互换中，互换购买者（通常为标的债券的持有人）在合约期内（通常为 3 ~ 5 年）定期向交易对手（互换卖方）支付一定的费用。互换出售者则要在特定信用事件（通常指互换标的债券发生违约，无法偿付或无法按时支付利息）发生时，按合约约定的价格收购互换购买者手中的互换标的，减少互换购买者在标的债券上受到的损失；而如果在合约期内，特定信用事件没有发生，则互换出售方不需要支付任何费用。

（六）金融期权的种类

1. 按期权权利性质划分，期权可分为看涨期权和看跌期权

看涨期权是指赋予期权的买方在预先规定的时间以执行价格从期权卖方手中买入一定数量的金融工具权利的合同。为取得这种买入的权利，期权购买者需要在购买期权时支付给期权出售者一定的期权费。

看跌期权是指期权购买者拥有一种权利，在预先规定的时间以敲定价格向期权出售者卖出规定的金融工具。为取得这种卖出的权利，期权购买者需要在购买期权时支付给期权出售者一定的期权费。

2. 按期权到期日划分，期权可分为欧式期权和美式期权

欧式期权是指期权的持有者只有在期权到期日才能执行期权。

美式期权则允许期权持有者在期权到期日前的任何时间执行期权。

3. 按敲定价格与标的资产市场价格的关系不同，期权可分为价内期权、平价期权和价外期权

价内期权是指如果期权立即执行，买方具有正的现金流，该期权具有内在价值。

平价期权是指如果期权立即执行，买方的现金流为零。

价外期权是指如果期权立即执行，买方具有负的现金流。

4. 按基础资产的性质划分，期权可以分为现货期权和期货期权

现货期权是指以各种金融工具本身作为期权合约标的物的期权，如各种股票期权、股票指数期权、外汇期权、债券期权等。

期货期权是指以各种金融期货合约作为期权合约标的物的期权，如各种外汇期货期权、利率期货期权及股票指数期货期权等。

三、习题

（一）名词解释

1. 金融衍生工具
2. 外汇衍生工具
3. 股权衍生工具
4. 金融远期
5. 远期利率协议
6. 金融期货
7. 股票价格指数期货
8. 金融互换
9. 信用违约互换
10. 金融期权
11. 看涨期权
12. 看跌期权

（二）判断正误

1. 按照交易场所不同划分，利率互换属于金融衍生工具中的场内交易。（　　）
2. 金融衍生工具市场有三类交易主体：套期保值者、投机者和套利者。（　　）
3. 金融衍生工具市场的交易组织方式主要为场内交易和场外交易。（　　）
4. 一般远期利率协议以当地的市场利率作为参照利率。（　　）
5. 利率期货交易利用了利率下降变动导致债券类产品价格下降这一原理。（　　）
6. 股票价格指数期货同其他各种期货一样，兼有套期保值和投机的功能。（　　）
7. 欧式期权允许期权持有者在期权到期日前的任何时间执行期权。（　　）
8. 按基础资产的性质划分，期权可以分为现货期权和期货期权。（　　）
9. 通过货币互换，可以调整资产的币种结构，但是会提高筹资成本。（　　）
10. 信用违约互换是基于信用风险设计出的金融工具，为投资者提供了有效规避信

用风险的新途径。（　　）

（三）单项选择题

1. 从学术角度探讨，（　　）是衍生工具的两个基本构件。

A. 远期和期货　　B. 远期和期权
C. 期货和期权　　D. 互换和期货

2. 金融衍生工具的全球市场应用使得整个国际金融体系的系统风险（　　）。

A. 加大　　B. 减少　　C. 抵消　　D. 不变

3. （　　）是指在将来某一特定日期按特定价格交付一定数量单只股票或股票组合的协议。

A. 股票价格指数期货　　B. 远期利率协议
C. 远期股票合约　　D. 股票互换

4. 在远期利率协议中，“3×6，8%”表示的是（　　）。

A. 于6个月后起息的3个月期协议利率为8%
B. 于3个月后起息的3个月期协议利率为8%
C. 于6个月后起息的9个月期协议利率为8%
D. 于3个月后起息的6个月期协议利率为8%

5. 利率期货的基础资产为价格随市场利率波动的（　　）。

A. 基金产品　　B. 股票产品　　C. 债券产品　　D. 外汇产品

6. （　　）的市场功能使供求机制、价格机制、效率机制及风险机制的调节功能得到进一步的体现和发挥。

A. 金融期货　　B. 金融期权
C. 金融远期　　D. 金融互换

7. 金融期权最早始于（　　）。

A. 外汇期权　　B. 股票期权
C. 利率期权　　D. 股票价格指数期权

8. （　　）是指如果期权立即执行，买方具有正的现金流，该期权具有内在价值。

A. 欧式期权　　B. 平价期权
C. 价外期权　　D. 价内期权

9. 金融互换市场交易的主体一般由互换经纪商、互换交易商和（　　）构成。

A. 金融机构　　B. 政府
C. 直接用户　　D. 公司

10. 互换的一大特点是，它的交易方式是（　　）。

A. 按需定制　　B. 交易所交易
C. 柜台交易　　D. 标准化合约交易

（四）多项选择题

1. 金融衍生工具的特征主要有（　　）。

A. 流动性　　B. 盈利性

C. 可复制性　　D. 杠杆性

E. 安全性

2. 根据基础金融资产的不同，金融衍生工具可以分为（　　）。

A. 利率衍生工具　　B. 外汇衍生工具

C. 债权衍生工具　　D. 股权衍生工具

E. 信用衍生工具

3. 金融衍生工具市场的功能主要包括（　　）。

A. 金融产品定价　　B. 风险管理

C. 获利手段　　D. 资源配置

E. 易于监管

4. 远期合约的缺点主要有（　　）。

A. 市场效率较低　　B. 流动性较差

C. 灵活性较小　　D. 违约风险相对较高

E. 利率较高

5. 金融期货市场的规则主要包括哪些方面（　　）。

A. 规范的期货合约　　B. 保证金制度

C. 期货价格制度　　D. 交割期制度

E. 期货交易时间制度与佣金制度

6. 为保证期货市场能按照公平竞争的原则稳定进行，期货交易所对金融期货的价格做了一些规定，其中包括（　　）。

A. 价格单位　　B. 价格最小浮动额

C. 每日价格浮动限额　　D. 报价制度

E. 佣金制度

7. 外汇期货的套期保值交易，主要是通过（　　）等方式进行的。

A. 套汇交易　　B. 套利交易

C. 买空卖空交易　　D. 空头交易

E. 多头交易

8. 金融期权的要素包括（　　）。

A. 基础资产　　B. 期权的买方和卖方

C. 敲定价格　　D. 到期日

E. 期权费

9. 按期权到期日划分，期权可以分为（　　）。

A. 欧式期权　　B. 美式期权
C. 看涨期权　　D. 看跌期权
E. 期货期权

10. 互换产生的条件有（　　）。
A. 交易双方对对方的资产或负债均有需求
B. 交易双方对对方的资产或负债没有需求
C. 双方在这两种资产或负债上存在比较优势
D. 一方在这两种资产或负债上存在绝对优势
E. 一方在这两种资产或负债上存在比较优势

（五）连线题（找出每个词汇的正确含义，并用实线连接）

词汇	含义
1. 利率衍生工具	A. 以各种货币作为基础工具的金融衍生工具
2. 外汇衍生工具	B. 规定将来在指定月份买入或卖出规定金额外币的期货合约
3. 股权衍生工具	C. 期权购买者拥有一种权利，在预先规定的时间以敲定价格向期权出售者卖出规定的金融工具
4. 信用衍生工具	D. 一种信用合约，提供与信用有关的损失保险
5. 远期外汇合约	E. 交易双方按固定汇率在期初交换不同种货币的本金，然后按预先确定的日期，进行利息和本金的分期互换
6. 外汇期货	F. 以股票或股票指数为基础工具的金融衍生工具
7. 看涨期权	G. 两种货币以不同的利率进行交换
8. 看跌期权	H. 赋予期权的买方在预先规定的时间以执行价格从期权卖方手中买入一定数量的金融工具权利的合同
9. 货币互换	I. 双方约定在将来某一时间按约定的远期汇率买卖一定金额的某种外汇的合约
10. 利率互换	J. 以利率或利率的载体为基础工具的金融衍生工具

四、习题参考答案

（一）名词解释

1. 金融衍生工具：是由金融基础资产衍生出来的各种金融合约及其各种组合形式。

2. 外汇衍生工具：是指以各种货币作为基础工具的金融衍生工具，主要包括远期外汇合约、货币期货、货币期权、货币互换以及上述合约的混合交易合约。

3. 股权衍生工具：是指以股票或股票指数为基础工具的金融衍生工具，主要包括股票期货、股票期权、股票指数期货、股票指数期权以及上述合约的混合交易合约。

4. 金融远期：是指交易双方签订的在未来确定的时间按确定的价格购买或出售某项金融资产的合约。

5. 远期利率协议：是指买卖双方同意在未来一定时间（清算日），以商定的名义本金和期限为基础，由一方将协定利率与参照利率之间差额的贴现额度付给另一方的协议。

6. 金融期货：是指允许持有人在将来某一指定月份购买或出售某一金融资产或金融工具的合约。

7. 股票价格指数期货：是指以反映股票价格水平的股票指数为基础资产的期货交易合约。

8. 金融互换：是指两个或两个以上的当事人按共同商定的条件，在约定的时间内，交换一定现金流的金融合约。

9. 信用违约互换：在信用违约互换中，互换购买者（通常为标的债券的持有人）在合约期内（通常为3~5年）定期向交易对手（互换卖方）支付一定的费用。互换出售者则要在特定信用事件（通常指互换标的债券发生违约，无法偿付或无法按时支付利息）发生时，按合约约定的价格收购互换购买者手中的互换标的，减少互换购买者在标的债券上受到的损失；而如果在合约期内，特定信用事件没有发生，则互换出售方不需要支付任何费用。

10. 金融期权：是指一种权利合约，它给予期权的持有人在一定时间按照规定价格购买或出售一定数量的金融资产的权利，也叫金融选择权。

11. 看涨期权：是指赋予期权的买方在预先规定的时间以执行价格从期权卖方手中买入一定数量的金融工具权利的合同。

12. 看跌期权：是指期权购买者拥有一种权利，在预先规定的时间以敲定价格向期权出售者卖出规定的金融工具。

（二）判断正误

1. ×（场外交易）
2. ×（四类，还包括经纪人）
3. √
4. ×（伦敦银行同业拆放利率）
5. ×（债券类产品价格上升）
6. √
7. ×（美式期权）
8. √
9. ×（降低筹资成本）
10. √

（三）单项选择题

1. B	2. A	3. C	4. D	5. C
6. A	7. B	8. D	9. C	10. A

（四）多项选择题

1. CD	2. ABDE	3. ABCD	4. ABD	5. ABCDE
6. ABCDE	7. DE	8. ABCDE	9. AB	10. AC

（五）连线题

1J	2A	3F	4D	5I
6B	7H	8C	9E	10G

五、相关案例分析

全球衍生品监管制度变迁对我国的启示

金融创新的日新月异和金融混业经营趋势的增强，使得金融领域内部之间甚至金融领域与实体经济部门之间在产品与服务方面的合作尺度不断被突破，各种衍生品经过金融工程师们的精心设计纷纷亮相，不但在客观上丰富了投资者的投资选择，促进了金融市场的繁荣，也在事实上造成了衍生品市场监管机制的多元化。作为当今各国金融市场监管体系的重要组成部分，衍生品市场监管机制是开展金融衍生交易最为基础的条件之一。

在衍生品监管演进历程中，监管制度的变迁总是与金融市场的发展和金融危机的发生相伴前进。国际金融危机暴露出衍生品市场本身及配套监管制度的缺陷，随后各国监管层都在深刻反思后采取了积极行动，提出一系列改革举措。虽然各国的衍生品监管模式不尽相同，往往对应着不同国家政府的职能设计体系，但是境外各国、地区之间的监管模式又呈现出一定的共性与主流发展趋势。

1. 监管重心向宏观审慎转变

国际金融危机发生后，基于衍生品设计的精巧复杂性，期货、现货间跨市场的联动效应，以及由此导致风险蔓延发展为系统性灾难的可能性，宏观审慎监管从改进整个金融体系的稳定性、维护金融市场的良好运行出发，通过建立一种自上而下的监管框架，由具有宏观经济调控职能的宏观部门负责统筹全局，结合各监管部门对微观监管工具和宏观调控工具的使用，实现对衍生品的监管调控目标，以避免实体经济遭受损失为最终目的。宏观审慎监管通常具有两个特征：一是在金融监管过程中将整个金融市场作为一个整体来对待，以便于加强对宏观经济走势的预警，减少金融危机对经济活动的影响；二是认识到金融机构的集体行为可能会对金融体系带来整体风险，而且这种风险是内生的，因而要求对可能产生系统性风险的金融机构进行特殊关注。

2. 监管理念由机构监管转为功能监管

国际金融危机后各国监管制度改革往往都呈现出从机构监管转型为功能监管的趋势，即突破金融机构的局限，转而以各金融活动的功能作为判断该金融活动是否属于其监管范围的标准。功能监管的基本理念就是按照功能类别采用共同的、无差别的方法来监管整个金融业，使相似的金融功能受到相同的监管，而不论这种功能由何种性质的机构行使。功能监管更能体现衍生品跨市场交易的特性，在纷繁复杂且形式多样的金融活动中准确把握各监管部门的监管内容，对于监管责任的划分也更加明确，能够有效避免监管真空和交叉监管的现象，更加灵活、持续、高效，也能更好地协调金融创新与金融监管的关系。

3. 从自由市场到政府干预

衍生品市场在产生之初，经历了一个“野蛮生产”的自由发展阶段。但随着发展过程中风险的不断暴露，各国对衍生品的态度也从无监管的自由市场转变为政府干预下的市场调节。尤其是对于高风险、设计较为精巧复杂的场外衍生品，行政化干预色彩愈发明显，而伴随着宏观审慎监管的运用及功能监管的勃兴，监管权力中的趋向也愈发明显。综观国际主要衍生品市场在危机后的监管制度改革，不难发现从严监管已成为衍生品监管的重要趋势之一。当然，各国在对衍生品从严监管的同时，也都注意把握政府干预与市场调节之间的平衡。虽然市场化监管手段并不排斥行政化监管手段的干预，但是管制手段的运用皆应明确底线，当市场自我调节能够有效发挥时，衍生品监管便可尽可能地交由市场去调节。

4. 重视衍生品交易中的金融消费者保护

境外各国或地区纷纷在立法中引入金融消费者理念，对处于弱势地位的金融消费者提供一定的倾斜性保护。一是在诸多金融领域法中引入金融消费者保护的条文，常见于分业监管格局的国家；二是制定统一的金融服务法，其中以金融消费者保护为专章、专节进行规定并贯穿全文，这一模式通常是混业监管趋势下的产物，如 2001 年英国《金融服务与市场法》，2007 年韩国《资本市场法》以及日本的《金融商品贩卖法》与《金融商品交易法》；三是制定单行的金融消费者保护法，范例有美国《2010 年华尔街改革和消费者保护法》及我国台湾地区 2011 年的“金融消费者保护法”等。

5. 衍生品监管模式的选择与本国实际相契合

无论是统一监管模式还是多边监管模式，在现实上都存在合理性，在理论上也都有基础支撑。具体监管体制的选择与设计同该国金融市场发展的历史沿革和现实特征密切相关，通常根源于本国的法律体制、金融市场发育情况以及政治、舆论背景的考量，并随着现实需求的变化在实践中进行适时调整。即便确立了一种相对稳定的监管模式，也要随着现实需求在实践中灵活调整，通过监管力度的收缩或放松实现市场化监管，明确政府干预的底线。也就是说，无论选择何种监管模式，都应当根源于该国的法律体制、金融市场发育情况以及政治、舆论的考量等背景。

我国金融衍生品的监管分为政府监管和自律监管两个层面。政府层面的监管主体主要包括人民银行、银保监会和证监会，其他政府部门对金融衍生品也具有一定的管理职能，如银保监会对保险公司参与衍生品业务活动的监管，国家外汇管理局对银行间外汇衍生品市场主体的资格核准及交易行为监管职能等。自律监管包括交易所自律监管与行业协会自律监管，前者包括上海证券交易所、深圳证券交易所、中国金融期货交易所等交易场所对在本所内开展的衍生品业务实施监管，如组织安排金融期货、期权等衍生品上市交易、结算和交割等。自律层面的监管主体则包括中国银行间市场交易商协会、中国证券业协会以及中国期货业协会等，主要对协会会员实施行业自律监管。

案例讨论

全球金融衍生品监管改革带给我国哪些启示？

案例分析

（一）重视衍生品市场发展与实体经济的联动效应

一方面，衍生品市场的勃兴在一定程度上能够助推实体经济发展。衍生品市场的发展能促进闲散资本集中，为实体经济的发展拓宽融资渠道，为套期保值提供途径；能有效地促进资源优化配置，提高资源的利用效率；还可能影响实体经济领域的外部经营环境，可促进实体经济的产业结构升级和调整。

另一方面，实体经济的运行状况决定着衍生品市场的交易规模。衍生品与现货之间有直接而密切的联动关系，而现货资产与实体经济发展紧密相关，故归根结底衍生品发展规模与企业经营状况、社会公众购买力和消费水平等实体经济领域的发展情况紧密相连。鉴于衍生品市场发展与实体经济系统间的相互作用，实体经济的健康发展能为衍生品市场的运行奠定坚实的物质基础，但其不良发展状况则会导致衍生品系统运行混乱。这也就解释了为什么美国在2008年由于衍生品异化引爆的国际金融危机中，政府救市目标并不在于机构或者资本市场本身，而是应对金融市场异常波动时可能发生的系统性风险，着力于整个经济体系的重建与复苏。因为从更为宏观的视域看，美国实体经济衰退已经对金融稳定产生了严重影响，美国次贷危机救助措施便必然拓展到实体经济之上。因此，衍生品市场的发展与监管应以服务实体经济为准则。

（二）功能监管理念下的协调联动监管

衍生品交易具有跨机构、跨市场的特点，因而衍生品监管也相应地面临跨市场统筹协调监管的问题，如何优化监管、提高监管效率是理顺衍生品市场监管秩序的重要内容。首先，明确政府监管部门、行业协会、交易所等各主体的监管权能；其次，明确跨市场联合监管框架，建立监管机构间的跨市场监管沟通与协调机制；再次，加强现货市场和衍生品市场跨市场之间的信息共享，构建监管机构之间的信息交流及联合执法机制，加强信息披露与账户追踪机制建设；最后，根据投资者分类与产品复杂程度，实施差异化监管，衍生品市场中的套期保值、套利者和投机者都是市场有效运行的必要组成，而利用大规模的资金优势改变期货市场和现货市场的供求关系的期现联动交易则容易破坏衍生品功能与市场秩序，需要重点监管。

（三）适度监管而不抑制创新

衍生品市场运行混乱将扭曲资源配置、降低市场效率，过度膨胀则会增加市场风险，导致经济泡沫累积，严重时甚至会引发全球性的金融危机。因此，在国际金融危机之后，全世界都绷紧了金融衍生品监管的神经，“放松监管”被视为一种不合时宜的理念与做法而遭到摒弃。

但是，正确处理好金融稳定与金融创新之间的关系并不意味着要因噎废食，以从严监管抑制创新发展。尤其是随着金融机构之间、国际金融市场之间的竞争日趋激烈，对金融创新的全面否定与简单禁止将会制约金融行业的整体发展。虽然保证了市场的安全性，但也可能因缺乏风险释放途径而不断蓄积，风险一旦爆发，后果将难以控制。因此，我们应当在坚持审慎监管原则的前提下，把握好“审慎”的尺度，切不可使监管标准过于严苛，既要坚持金融业务创新，又要使其在安全、稳健的轨道中运行，实现与我国现实相符合的适度发展。

案例参考资料

衍生品创新研究小组：《全球衍生品监管实践、制度变迁与启示》，载《证券市场导报》，2016（6）。

第十章 风险投资市场

一、学习提要

1. 风险投资是一种向极具发展潜力的新创企业或中小企业提供权益资本的投资行为。广义来说，一切高风险和高潜在收益的投资都叫风险投资；具体而言，风险投资是指专门的投资机构提供权益性资本，投入那些具有巨大发展潜力但是有高风险的中小高科技企业或者高成长企业，并对其进行管理，以最大限度的资本增值利得为目标的投资行为。

2. 风险投资的特征：高附加值的投资；面临高风险，追求高收益；对象多为创业期的中小型企业；投资周期长、流动性要求低；其运作方式是一个资金链条的循环过程；是融资活动和投资活动的有机结合，同时兼具融资和投资的特点。

3. 风险投资作为特殊的投资方式，除了具备普通投资能带来投资回报的功能之外，还具备一些特殊功能，主要有分散投资风险、为众多中小企业提供资金来源和注入管理内涵、强化政府资金投资的示范作用、推进科学发展和技术进步、为未来经济发展带来新的增长点。

4. 风险投资的构成要素包括五类主体，即风险投资者、风险投资家、风险企业、中介机构和股权购买者。

5. 风险投资的组织形式分为三类：公司制、附属子公司制和有限合伙制。

6. 风险投资的投资阶段与企业的生命周期息息相关。企业的生命周期一般分为创意酝酿与技术研发阶段、产品形成与技术创新阶段、产品推广与改进阶段和稳定市场份额阶段，对应风险投资的投资阶段分别为种子期、创始期、成长期和成熟期。

7. 风险投资的退出机制是指在风险企业发展进入成熟期以后，风险投资机构将所投资的资金从股权形态转化为资金形态，实现资金变现的制度及其相关的配套制度安排。风险投资退出机制的作用包括为风险资本提供了必要的流动性；为风险资本提供了连续的发展性；为评估风险投资活动所创造的价值提供了衡量标准，间接吸引了社会潜在资金，有助于扩大社会投资规模，促进经济增长。风险投资的退出模式主要有公开上市、企业购并、协议回购和破产清算四种。

8. 我国风险投资的主要运作模式有四种类型：政府引导支持模式、公司制组织形式下的股权管理模式、本土风险投资和外资风险投资结合的二元结构模式以及委托管理运作模式。

9. 私人权益资本市场是指那些专门为具备高风险和潜在高收益的项目提供股权融资的市场，市场投资主体在投资决策前将对企业进行审慎的调查工作，并在投资后将在企业内部保留强有力的影响力来保护自己的权益价值。

二、重点内容导读

(一) 风险投资具有的特征

1. 风险投资是高附加值的投资。风险投资的投资期限一般为3~5年甚至更长，是一种长期性股权投资，这种投资可以充实企业的资本金，改善企业资本结构。它不要求控股权，不要求分红，也不需要任何担保和抵押，以便企业能够迅速积累资本。由于被投资企业的经营状况和风险投资人的最后收益息息相关，风险投资者一般积极参与投资企业的经营管理，不仅参与到企业长期和短期的发展战略的制定、生产目标的决定、营销企划的制定中来，甚至还能参与企业人事的任免事宜和资本运营过程，利用他们丰富的管理和投资经验、庞大的信息网络和广大的人脉来参与企业的管理，为企业提供咨询服务。因此，风险投资不仅能给企业带来投资的货币价值，还能带来远大于原投资的附加价值，即所谓增值的投资。

2. 风险投资面临高风险，追求高收益。风险投资将投资重点放在初创企业，这些企业或有良好的发展前景，或有高科技的种子技术，但是投资这样的企业具有极大的风险性。高风险始终伴随着高收益，一旦风险投资的项目成功，收益是十分丰厚的，风险投资家就是志在管理风险，追逐高风险后隐藏的高收益，其投资的最终目的就是获取丰厚的利润和不凡的投资业绩然后从企业里退出。

3. 风险投资的对象多为创业期的中小型企业，且多和高新科技联系在一起。这些企业发展空间巨大，前景看好，但是资本规模有限，急需资金支持，而自身由于缺乏抵押物和质押品，很难得到银行贷款，风险投资就成了它们最好的融资渠道。在现代市场经济体制下，科学技术和资本已经成为工业发展的两大支柱，两者关系密切。以风险投资为代表的资本为科技企业的发展注入了充裕的资金。从风险投资者的角度来看，虽然企业的新技术转化为市场化产品历时周期长、风险高，需要风险投资家对其有正确的评估和预测，但是风险投资一旦成功会获得巨大收益，所以风险投资青睐于高科技中小企业。而从中小企业自身来看，因为其机制和规模上的灵活性，能够顺应市场潮流发展，在潮流变化之时迅速作出经营策略上的调整，往往在竞争中抢占先机，赢得主动。风险投资者普遍认为能否顺应市场经济的客观规律是企业获得成功的关键，从这一角度来看，高科技中小企业自身具备了独特的竞争优势，因此，易成为风险投资的投资对象。

4. 风险投资具备投资周期长、流动性要求低的特征。风险投资所投资金多作为企业的资本金，所以短期内变现能力差、流动性低。此外，风险投资一般会随着企业发展周期的变化而逐渐跟进投资，这样可以分散投资风险，预防亏损扩大，又能保有一定流动资金，在一定程度上避免了投资资金的流动性不足问题。风险投资的投资周期较长，主要是因为风险投资从资金进入到其退出要历经漫长的企业发展历程，而且根据企业所在行业的发展情况具有强烈的周期性。风险投资一般在企业初创时就进入企业，当新产品获得成功或企业经营趋于稳定时，风险投资者开始清理资产，通过股票 IPO、股份转让或者企业回购的方式收回投资，退出原企业，继而开展新一轮投资。

5. 风险投资的运作方式是一个资金链条的循环过程。风险投资包含三方主体：投资者、风险投资公司和风险企业。风险投资的运作过程包括：风险投资者向风险投资公司提供资金，风险投资公司通过分析决策，选择目标企业，向风险企业注入流动性；风险企业利用资金，开展经营活动，不断扩大企业经营规模，实现资本增值；继而风险投资公司决定怎样收回资金，退出风险企业，选择新一轮目标企业。因此，风险投资的运作方式本质上就是一个资金链条的循环过程。

6. 风险投资是融资活动和投资活动的有机结合，同时兼具融资和投资的特点。一方面，风险投资开展融资活动的目的是下一步的投资活动，没有明确的投资目标和投资方向，投资者不会放心地将资金交给风险投资公司，投资活动带来的高收益是获得融资的前提；另一方面，投资活动中又包含融资，投资过程中往往伴随着风险企业的第二轮和第三轮融资。风险投资将融资、投资和风险企业紧紧联系在一起，形成了不可分割的整体。

（二）风险投资的功能

1. 分散投资风险。风险投资的主体包括投资者、风险投资公司和风险企业，从投资者的角度来看，风险投资的资金来源具备分散化和多元性的特点，使得原本较为集中的风险分摊到多个投资者身上，实现了风险分散；从风险投资公司的角度来看，通过多种投资方向和投资模式，强化组合投资效果，有效降低整体投资风险；从风险企业的角度来看，由于风险投资家的参与，利用其自身丰富的投资和管理经验，对企业经营提出正确建议和指导，降低风险企业的经营管理风险，提高了企业的利润率和风险投资的回报率。

2. 为众多中小企业提供资金来源和注入管理内涵。初创时期企业未来发展的前景还是未知数，具有很高的风险，加上企业缺少有效的抵押物和质押品，通过传统的银行信贷渠道获取资金非常困难。而风险投资的对象正是这些初创的风险企业，为众多中小企业提供了资金来源，解决了融资难题。此外，高科技企业创立初期人员素质参差不齐，技术人才居多，往往缺乏管理能力，风险投资家可以其精通的财务知识和管理能力填补此缺陷，为企业注入管理内涵。

3. 强化政府资金投资的示范作用。某些特殊行业的快速发展对于社会稳定和经济增长具有重要意义，因此，需要政府加大对该行业的资金投入，支持其发展并控制其发展方向。政府通过风险投资的渠道，将资金投入该特殊行业，所造成的效应不仅仅限于这部分资金，还能起到良好的示范作用，吸引更多的非政府投资者进行投资，使得实际投入的资金数量增加。

4. 推进科学发展和技术进步。风险投资公司在选择目标企业时，一般会将企业的科技水平作为考察的重要标准，即使是一些仅仅停留在构想阶段的新技术，如果认定企业产品具有使用价值和发展潜力，也会将其纳入投资对象之中。因此，风险投资促进了新技术的进步，加速了科技成果的转化过程，大力支持了科学事业的发展。

5. 为未来经济发展带来新的增长点。风险投资的投资对象集中在具有发展潜力的高科技企业之中，风险投资家和普通人相比具有更敏锐的洞察力和前瞻性，往往能先于普通人找出具有发展潜力的经济新热点，并通过风险投资活动向其提供资金支持，加速使该技术向科技成果转化，不断加快该行业的产业化进程，进而发展成为一国经济的新增长点。所以说，在现代市场经济体制下，风险投资在一国经济转型升级和未来经济增长点的培育方面起着重要作用。

（三）风险投资的退出方式

1. 公开上市。公开上市退出模式，也称为 IPO 退出模式，是指风险投资家在企业公开上市以后，可以将手中所持有的股份在资本市场进行公开交易、变现，将投资收益从股权变为现金形式，从风险企业退出的模式。公开上市使风险企业的潜在价值显性化，为股权价值变现提供了市场化的渠道。公开市场退出模式的增值潜力巨大，所带来的投资收益高，流动性强，是风险投资资本退出的最佳模式。公开市场分为主板市场交易和创业板市场交易。创业板市场是专门为初具规模的高新科技企业建立的股票市场，其对上市企业的发行标准和审核要求均低于主板市场，对于已发行股票的规模限制较少，所以，创业板市场的特点十分适合高新科技类中小企业的成长和风险资本的介入，为风险投资的价值增值和退出提供了一个便利的平台。相比于创业板市场，主板市场的审核要求更高，企业的平均发展周期更长，大部分企业只有进入成熟期才能符合主板上市要求，因此，大部分风险投资出于投资周期与收益的考虑，都选择将所投资的高新科技中小企业进入创业板市场上市。

2. 企业购并。当风险企业难以达到公开上市条件时，风险投资者还可以通过并购的方式退出投资，即风险投资人在私人权益市场上出售其所拥有的企业股份。根据购并的主体不同，企业购并可以分为两类：一类是对风险企业有兴趣的一般公司，另一类是其他的风险投资机构。一般公司并购风险企业，主要是为了获取目标企业的相关技术或者专利，达到生产领域的某种特殊目的；而两家风险投资机构之间的并购则被称为“二次出售”，通过这种方式使风险企业实现产权转移，先行介入的风险投资机构可以获得资金重新进入新一轮的投资周期，而收购方可以对风险企业继续培养，进一步挖掘企业潜质。

3. 协议回购。协议回购是指按照风险投资协议规定，在投资期满后，由被投资的风险企业购回风险投资机构所持有的公司股票份额。协议回购一般包括两种形式：（1）回购条款，风险投资机构与风险企业双方通过协商签订回购条款，规定企业回购股份时的股价和支付方式；（2）买卖契约，由于风险投资机构在整个投资周期中参与企业经营管理的决策，占据流动资金的优势，因此，可以强迫被投资企业的管理层回购投资人的股份或者将股份出售给其他投资人。协议回购的退出方式降低了投资者的风险，保障了风险投资家至少可以收回回购协议所确定的投资收益。这种退出模式在风险投资活动中是比较常见的，因为事实上风险企业的发展并不像风险投资家设想的那样顺利，经常会面临许多不确定的因素，造成难以预料的投资损失，而协议回购的退出模式实际上是为风险投资机构提供了一种有效的缓冲机制，在一定程度上降低了投资风险，在许多风险投资活动中得到广泛使用。当然，这种退出模式在降低投资风险的同时，也使得风险投资机构的投资收益有所下降。

4. 破产清算。风险投资是一种高收益高风险的投资方式，因此，投资失败的现象普遍存在，清算就是风险投资失败时，风险投资机构退出目标企业的一种方式。清算主要包括两种情况：一是风险企业解散时所进行的清算，主要是由于风险企业解散条款出现，或者股东同意解散，以及法律要求的必须解散等情况下进行的清算行为；二是在风险企业经营不善或资不抵债的情况下的破产保护清算。对于风险投资机构而言，在风险企业经营状况不好且难以扭转时，选择解散或破产清算可能是最好的止损办法。

（四）风险投资退出机制的作用

1. 退出机制为风险资本提供了必要的流动性。风险投资的投资方式和获利方式有别于普通投资行为，普通投资是用资金购买目标企业的股票，再根据企业的盈利情况获得一定的股息和红利，而风险投资则是通过出售投资企业的股权，将股权转化为现金来获得收益。在投资和撤资的时机上，风险投资也与众不同，在目标企业发展艰难时，风险投资家帮助其管理和决策，建言献策，但是共苦不同甘，见好就收，将已经获利的风险资本收回后一般会选择投入新一轮投资当中，在不断地重复投资—退出—再投资的过程中实现资本的增值。因此，在目标企业获得成功时将股权转化为流动性显得十分必要。退出机制正好为股权变现提供了渠道，进而将变现的资金投入到新的投资之中，为风险资本提供了必要的流动性。

2. 退出机制为风险资本提供了连续的发展性。只有在风险资本获得了退出机制提供的流动性以后，这一轮投资周期才算彻底结束，所获得的流动资本才能进入下一轮的投资周期，或者选择将投资收益回馈给风险投资者，使得资本增值的循环过程得以延续。如果缺少退出机制，风险资本就会以股权形式一直停留在目标企业中，这样不仅连扩大再投资的循环都无法实现，而且无法将本轮获取的投资收益传递给风险投资者。因此，退出机制不仅是风险资本的变现器，而且也是风险资本实现价值增值和不断循环发展的加速器和放大器，成功的风险投资依赖退出机制实现风险资本的保值和增值。

3. 退出机制为评估风险投资活动所创造的价值提供了衡量标准。一家成功的企业不仅拥有核心产品、高新技术、知识产权和相关专利，而且还包括良好的管理能力和策略能力，这些都是无形的成果，其具备多大的市场价值，往往缺乏固定可靠的衡量标准。要评估这些成果，衡量这些无形成果的实际价值，退出机制是很好的标尺。企业的股权代表了企业的潜在价值，不过这种价值是隐性的，要把这种价值表现出来，就要把股权转换为可测度的现金流，退出机制正是一种将投资企业股权变现的机制。因此，退出机制也是一种价值发现和测度机制，很好地衡量了风险投资所创造的市场价值。

4. 退出机制间接吸引了社会潜在资金，有助于扩大社会投资规模，促进经济增长。退出机制为风险投资的成功运营和投资循环提供了有效保障，使得风险投资机构可以将所获得的投资收益以现金流的形式回馈给投资人，投资人也就更加有信心将手中的闲散资金交给风险投资机构开展新一轮的投资。风险投资机构筹集的社会资金越多，社会整体投资规模就越大，从而有助于促进经济增长。

（五）私人权益投资的运作特点

1. 作为一种特殊的投资方式，私人权益投资的运作过程体现着高风险和高收益并存的特点。一般来讲，一个企业选择到私人权益资本市场融资，说明它在其他传统渠道获取资金的难度较高、风险大、不确定性强，无论是投资这些企业，还是参与这些企业的管理和经营过程都面临很大的风险，所以私人权益资本要求的投资回报率就很高，一般早期风险投资要求回报率达到35%～70%，后期风险投资回报率要求达到30%～35%。

2. 私人权益投资是一种主动参与企业管理和经营的专业投资。私人权益投资经理一般具有丰富的管理经验，或者具有投资银行的从业背景，对所投资企业的运营管理、市场预测和行业发展情况都有较深刻的理解，他们不仅投入大量的资金，还利用长期积累的经验、知识和商业信息网帮助被投资企业发展壮大，最终使企业实现公开上市或者走出财务困境等经营目标。

3. 私人权益资本的投资周期较长。由于私人权益投资所关注的是投资对象的潜在价值和发展前景，因此，它属于中长期投资，也是回收期较慢的投资，一般要3～7年才能完成资本的退出并获得投资收益。

4. 有限合伙制在私人权益资本投资中被广泛应用。有限合伙制可以很好地解决利益冲突和激励不相容的矛盾。首先，有限合伙制的报酬体系设计能给普通合伙人以最优激励，普通合伙人只需投入1%的资本金，却可以享有20%左右的投资收益提成。其次，私人权益投资基金设计的投资期限是固定的，一般为10年。考虑到声誉风险，出于未来持续获得投资资金的需求，普通合伙人就必须努力工作，运营好私人权益投资基金。再次，有限合伙制下的资金募集并非一步到位，更多的是采取“承诺制”，即机构投资者作为有限合伙人只承诺提供一定数量的资金，但资金却是分期注入的。与此同时，有限合伙制设计了“无过离婚条款”，在该条款下，即使普通合伙人没有重大过错，只要机构投资者丧失信心，就可以停止追加投资，这就有效解决了普通合伙人的道德风险问题。最后，有限合伙制实行强制分配政策，投资一旦产生收益就立即进行分配，并要求出售投资组合的所得收益必须返还给机构投资者，允许有限合伙人在普通合伙人获得附加权益之前收回其投资和管理费，并要求普通合伙人归还所得的附加收益，从而保护有限合伙人的投资利益。

三、习题

（一）名词解释

1. 风险投资
2. 天使投资
3. 布罗波投资
4. 风险租赁
5. 管理层收购
6. 风险联合投资
7. 协议回购
8. 破产清算
9. 公开上市
10. 风险杠杆并购

（二）判断正误

1. 风险投资的投资重点是成熟企业，因为这些企业具有良好的发展前景和高科技的种子技术。（　　）

2. 退出机制不仅是风险资本的变现器，也是实现保值增值的手段。（　　）

3. 风险投资的运作方式本质上是一个资金链条的循环过程。（　　）

4. 投资银行业务主要面向初创的企业，提供证券承销和证券交易并购业务、资金管理业务以及与之相关的融资服务。（　　）

5. 风险投资家在选择风险企业时，相对于一流的技术发明，风险投资家更乐意投资于一流的企业家。（　　）

6. 公开市场退出模式的增值潜力巨大，所带来的投资收益高，流动性强，是风险投资资本退出的最佳模式。（　　）

7. 公开市场退出模式分为主板市场交易和中小板市场交易。（　　）

8. 创业板市场的特点十分适合高新科技类中小企业的成长和风险资本的介入，为风险投资的价值增值和退出提供了一个便利的平台。（　　）

9. 协议回购的退出方式增加了投资者的风险。（　　）

10. 委托管理运作模式实现了所有权和经营权分离，但资金持有者和项目管理者不能分离。( )

（三）单项选择题

1. 我国《证券投资基金运作管理办法》规定，同一基金人管理的全部基金持有一家公司发行的证券不得超过该证券总额的（ ）。

A. 10% B. 20% C. 30% D. 40%

2. 下列风险投资方式中，（ ）是早期的且风险相对较大的风险投资方式。

A. 风险租赁 B. 天使投资

C. 风险杠杆并购 D. 风险联合投资

3. 由多个风险投资人共同对一个项目进行联合投资是指（ ）。

A. 麦泽恩投资 B. 天使投资

C. 辛迪加投资 D. 风险杠杆并购

4. 1985 年 9 月，以国家科委和中国人民银行为依托，国务院正式批准成立的我国第一家官方风险投资公司是（ ）。

A. 天津新技术创业投资公司 B. 北京新技术创业投资公司

C. 上海新技术创业投资公司 D. 中国新技术创业投资公司

5. 下列各项中（ ）不是风险投资的特征。

A. 高附加值投资 B. 高风险投资

C. 短周期投资 D. 融资与投资有机结合的投资

6. 我国风险投资机构的组织形式主要以（ ）为主。

A. 企业制 B. 公司制

C. 投资制 D. 私募制

7. 能够为公司发展提供“多角化或创新”的可能性，具有更为独立的组织构架的风险投资组织形式是（ ）。

A. 有限合伙制 B. 无限联合制

C. 附属公司制 D. 股份公司制

8. 风险投资家在选择风险企业时，相对于一流的技术发明，风险投资家更乐意投资于一流的（ ）。

A. 企业家 B. 资本家

C. 管理者 D. 管理团队

9. （ ）退出模式的增值潜力巨大，所带来的投资收益高，流动性强，是风险投资资本退出的最佳模式。

A. 公开市场 B. 转让市场

C. 协议市场 D. 竞价市场

10. 风险投资一般将投资重点放在（ ）企业。

A. 夕阳　　B. 成熟
C. 朝阳　　D. 初创

（四）多项选择题

1. 我国风险投资的主要运作模式是（　　）。
A. 政府引导支持模式　　B. 公司制股权管理模式
C. 本土与外资结合的二元结构模式　　D. 委托管理运作模式
E. 私募运作模式
2. 风险投资的特征集中体现在它是（　　）。
A. 高附加值投资　　B. 高风险投资
C. 对创业期中小型企业的投资　　D. 周期长且流动性低的投资
E. 融资活动和投资活动相结合
3. 一般而言，风险投资家着重从（　　）方面来评估将要投资的企业。
A. 市场吸引力　　B. 产品新颖性
C. 管理能力　　D. 环境阻碍
E. 企业家能力
4. 私人权益投资的运作特点是（　　）。
A. 高风险和高收益并存　　B. 主动参与企业经营管理
C. 投资周期较长　　D. 有限合伙制的广泛应用
E. 公司制的广泛应用
5. 风险投资与证券投资的区别主要是（　　）。
A. 资金性质不同　　B. 规避风险的方法不同
C. 风险来源不同　　D. 风险评价方法不同
E. 流动性不同
6. 风险投资的构成要素是（　　）。
A. 风险投资者　　B. 中介机构
C. 风险企业　　D. 风险投资家
E. 股权购买者
7. 风险投资退出机制的作用是（　　）。
A. 提供必要的流动性　　B. 提供连续的发展性
C. 提供可靠的收益性　　D. 吸引潜在资金，促进经济增长
E. 为评估风险和收益提供衡量标准
8. 发达国家私人权益资本的投资对象主要是（　　）。
A. 新兴企业　　B. 高科技类中小企业
C. 处于财务困境的企业　　D. 寻求并购资金支持的上市公司
E. 成熟期的中小企业

9. 私人权益资本的投资过程包括（　　）。

A. 企业管理与监督　　B. 资本退出

C. 投资交易构造　　D. 选聘中介机构管理

E. 投资项目审核

10. 风险投资的退出模式有（　　）。

A. 补充资本　　B. 企业购并

C. 协议回购　　D. 破产清算

E. 公开上市

（五）连线题（找出每个词汇的正确含义，并用实线连接）

词汇	含义
1. IPO 退出模式	A. 风险投资人在私人权益市场上出售其所拥有的企业股份
2. 破产清算	B. 是保证风险投资稳定运作的纽带
3. 协议回购	C. 风险投资失败时，风险投资机构退出目标企业的一种方式
4. 企业购并	D. 又称辛迪加投资
5. 风险投资家	E. 企业经过自身的不断发展，达到证券交易所要求的上市标准，经过必备的审核程序在证券市场挂牌交易，在证券市场实现股权公开转让的过程
6. 股权的出售	F. 成功的风险投资依赖实现风险资本保值和增值的手段
7. 风险投资中介机构	G. 所有权和经营权分离，资金持有者和项目管理者分离
8. 委托管理模式	H. 是指在投资期满后，依规由被投资的风险企业购回风险投资机构所持公司股票份额
9. 风险联合	I. 风险投资彻底完成了资本退出环节的标志
10. 退出机制	J. 是决定一个风险投资项目能否获得成功的关键

四、习题参考答案

（一）名词解释

1. 风险投资：又称创业投资，是一种向极具发展潜力的新创企业或中小企业提供权益资本的投资行为。

2. 天使投资：是指天使投资人或由天使投资人组团，在看准投资机会后，即向被选中初创的中小企业投入资金，并辅之以自己的管理经验。天使投资的投资人往往要参与企业整个发展过程。

3. 布罗波投资：又称“鞋带投资”，是指在企业最初发展阶段所做的投资。此类投资主要来自企业家本人和亲朋好友的个人直接投资。

4. 风险租赁：是金融租赁和风险投资的有机组合，是一种以风险企业为对象的融资租赁形式，是为了满足初创企业对于资产长期需求存在的风险投资方式。

5. 管理层收购：是指企业的经理层利用借贷资本或私人股权交易收购本公司的一种行为，从而引起企业所有权、控制权、剩余索取权和资产等变化，以改变公司所有制结构，通过收购使企业的经营者变成了所有者。

6. 风险联合投资：又称辛迪加投资，是由多个风险投资人共同对一个项目进行的联合投资。

7. 协议回购：是指按照风险投资协议规定，在投资期满后，由被投资的风险企业购回风险投资机构所持有的公司股票份额。它是风险投资退出的一种方式。

8. 破产清算：即在风险投资失败时，风险投资机构退出目标企业的一种方式。对于风险投资机构而言，在风险企业经营状况不好且难以扭转时，选择解散或破产清算是相对可行的止损办法。

9. 公开上市：是指企业经过自身的不断发展，达到证券交易所要求的上市标准，经过必备的审核程序在证券市场挂牌交易，在证券市场实现股权公开转让的过程。

10. 风险杠杆并购：是指收购方主要通过借债方式进行收购来获得目标公司的股权，借助财务杠杆作用完成并购活动的一种风险投资方式。

（二）判断正误

1. ×（初创企业）
2. √
3. √
4. ×（成熟的企业）
5. √
6. √
7. ×（主板市场交易和创业板市场交易）
8. √
9. ×（降低）
10. ×（资金持有者和项目管理者也处于分离状态）

（三）单项选择题

1. A	2. B	3. C	4. D	5. C
6. B	7. C	8. A	9. A	10. D

（四）多项选择题

1. ABCD	2. ABCDE	3. ABCDE	4. ABCD	5. ABCDE
6. ABCDE	7. ABDE	8. ABCD	9. ABCE	10. BCDE

（五）连线题

1E	2C	3H	4A	5J
6I	7B	8G	9D	10F

五、相关案例分析

中、美风险投资退出机制对比分析及对我国的启示

风险投资的退出机制是风险投资的关键和核心，它既是过去的风险投资行为的结束，又是新的风险投资行为的起点。建立和完善风险资本的市场退出机制，是扩大风险资本来源、保障风险投资和整个资本市场顺利发展的关键因素。没有风险投资退出机制或者退出机制不完善，风险投资就很难生存和持续发展。

一、风险投资主要的退出机制分析

目前风险投资的退出机制主要有以下四种：

1. 首次公开发行（IPO）。首次公开发行是指风险投资公司通过将所持有的风险企业的股票首次公开发行上市，出售其所持有的股份，以实现退出和资本增值。IPO 可分为主板市场交易、创业板市场交易（又称二板市场）两种。

2. 股份回购。股份回购是指风险投资企业或者创业家本人采取现金或票据等支付形式，或通过建立一个员工持股基金，来买断风险投资者持有的风险企业的股份。股份回购只有在风险投资不是很成功时才使用，事实上它更像是对风险企业的投资者进行保护的预防措施。

3. 兼并收购。兼并收购又可细分为两种：一是“一般并购”，即公司间的收购与兼并；二是“第二期兼并”，即风险投资家将所持有的风险企业的股份再卖给另一家风险投资公司，从而实现资本退出。

4. 破产清算。风险投资家在风险企业经营情况持续恶化且难以扭转时，为避免更大的损失，对其进行清算以收回部分投资。

二、中美风险投资退出机制的对比分析

1. 美国风险投资退出机制分析。美国风险投资的迅猛发展得益于其发达的多层次资本市场。美国的资本市场体系相当发达，拥有主板市场、二板市场、NASDAQ 市场和地方性证券市场四个层次。特别是 NASDAQ 市场，为美国的风险投资提供了良好的退出渠道，促进了一大批高科技企业的成长和发展。微软、英特尔、雅虎等一些世界闻名的高科技企业最初都是借助其发展起来的。自 NASDAQ 市场建立后，美国的风险资本大部分都是通过 IPO 方式退出的，这也是能给风险投资家和风险投资公司带来最高回报率的一种退出方式。自 2001 年开始，美国风险投资以 IPO 退出的数量急剧下降。2000 年，以 IPO 退出的项目数有 262 个，2001 年就猛跌到 41 个，到 2003 年只有 29 个项目以 IPO 方式退出。近年来，美国风险投资以兼并收购方式（M&A）退出的数量占风险投资退出数量的比例越来越高。

自1997年至今，随着第五次并购浪潮的开始，风险投资家更多地以并购的方式退出。1998年美国风险企业的并购数目达到186家，募集到的资金达79亿美元，同期公开发行上市的却只有77家，募集的资金只有38亿美元。到2001年，风险企业并购的数量更是达到324家，比IPO数量高了近十倍。特别是近年来，由于IPO深受美国二板市场低迷的影响，并购退出在整个风险投资退出中所占的比重越来越大。

从美国的统计可以看出，尽管IPO的退出方式回报率最高，但其发生的概率在各种退出方式中仅占20%，与此同时，并购占25%，企业回购占25%，转售占10%，清算占20%。这表明，相当多的创业企业在风险资本退出时得不到公开上市的机会，非IPO的退出方式仍占有相当重要的地位。

2. 中国风险投资退出机制分析。《中国创业风险投资发展报告2006》指出：并购（包括国内外企业收购、股权转让、划拨等）等资本重组方式仍是2005年中国风险投资退出的主渠道，占全部退出项目的44.4%。2005年境内外上市比例继续保持较高水平。2005年风险投资的另一个特点就是包括创业家、管理者等在内的回购比例有所上升，清算比例较2004年也有所提高。

另外，中国风险投资研究院2008年1月9日发布的《2007年中国风险投资行业调研报告》指出：在退出渠道方面，2007年共有77家具有风险投资背景的企业在美国、日本、新加坡、韩国和中国资本市场上市，融资总额达1569.41亿元，其中有50家企业在国内资本市场实现IPO，包括中国内地A股市场28例和中国香港地区22例，大大超出2006年的22家IPO退出数量。这些IPO退出基本都是由本土风险投资机构主导的，其中仅深圳创新投一家就有10家投资企业实现IPO。

从以上数据我们可以看出：IPO退出方式日趋流行，本土风险投资初见成效。这表明风险投资家越来越多地渴望通过IPO方式来实现风险资本的退出。

案例讨论

中、美风险投资退出机制的对比分析对我国风险投资退出机制有何启示？

案例分析

风险投资退出机制一直被认为是制约我国风险投资发展的“瓶颈”。借鉴美国等发达国家风险投资退出机制的经验，并结合我国实际情况，我们应该采取以下措施来完善我国风险投资退出机制。

（一）高质量发展多层次资本市场体系

经过二十多年的努力，我国资本市场已形成由场内市场和场外市场构成的多层次资本市场。其中场内市场的主板（含中小板）、创业板（俗称二板）和场外市场的全国中小企业股份转让系统（俗称新三板）、区域性股权交易市场、证券公司主导的柜台市场共同组成了我国多层次资本市场体系。未来要以质量为导向，进一步完善多层次资本市场的发展，以满足广大创新性企业多样化的融资要求，为风险资本的退出创造良好的前提条件。

（二）充分利用我国香港以及海外二板市场，开辟新的风险投资退出渠道

目前著名的二板市场有美国纳斯达克（NASDAQ），加拿大温哥华股票交易所的创业板市场，伦敦的替代投资市场（ATM），比利时的欧洲证券商协会自动报价系统（EASDAQ），我国香港的创业板市场，韩国KOSDAQ，新加坡证券交易所等。

二板市场比主板市场上市条件略微宽松，上市规模偏小，主要为有成长潜力的新兴中小企业和风险企业提供融资服务，这使得风险资本家更愿意在二板市场上采用IPO方式退出。

因此，我们要充分利用好我国香港及海外二板市场，出台有关支持海外上市的政策和法规，帮助准备上市的高科技企业建立真正现代意义上的公司产权制度和公司治理机制，与国际资本市场接轨，为风险资本的退出创造条件。

（三）调整政策，鼓励大企业兼并、收购风险企业

兼并收购是风险资本退出的另一条重要渠道。我们应当从购买者和出售者这两个方面进行政策调整，加大支持力度。从购买角度看，可以研究是否允许并购高技术企业的并购支出相应抵减所得税征税额，投资于高科技企业股权所获得的股权收益是否可以适当降低税率等。从出售角度看，可以研究增设特种财产转移税取代营业税、提高风险投资公司提取风险准备金比率、采用不同于金融机构的不良资产计算方法等。通过政策的调整，支持大企业收购风险企业，为风险投资的退出开拓渠道。

（四）进一步完善技术产权交易市场

1. 树立全国总体布局观念，打破市场分割局面，建立统一的技术产权交易大市场，以促进技术成果资本化和技术企业产权的自由转让。

2. 作为资本市场中的一环，技术产权交易市场必须要形成规范的市场化运作，割断与政府千丝万缕的联系，依靠自身的努力形成规模和效率，找到生存和发展的途径。

（五）完善与风险投资相关的法律

现有《公司法》《合伙企业法》等法律体系在很大程度上制约了风险投资的发展。国家应该尽快制定“风险投资法”，保障风险资本及时、顺利退出。

1. 充分考虑到风险投资高风险性和收益不确定性，努力降低IPO的门槛，为更多的风险企业在主板或二板市场上首次公开发行创造条件。

2. 应当给予风险企业特殊政策：允许创业家回购本公司股份。这样一方面可以巩固创业家对本公司的控制权，保障创业家的利益，另一方面使风险投资家即使在风险企业无法公开上市且不能出清其持有股权时，也能够收回投资，实现风险资本顺利退出。

3. 积极制定有利于风险投资发展的政策和制度，并适当给予税收上的减免和优惠，以促进风险投资企业的健康快速发展。

案例参考资料

宋宾、陈万江：《中、美风险投资退出机制的对比分析及对我国的启示》，载《西华大学学报（哲学社会科学版）》，2008（5）。

第十一章　资产证券化

一、学习提要

1. 资产证券化是一个将资产转化为证券的过程，是指将缺乏流动性但可以产生稳定可预见现金流的资产，按照某种共同特征分类之后重新组合，以此为担保在二级市场发行可供交易的收益证券，进而融通资金的技术和过程。

2. 资产证券化有三个基本特征。一是所发证券必须是由特定资产支持的证券。二是资产证券化的产品比基础资产更具有流动性。三是资产证券化必须涉及资产转移。

3. 资产证券化的历史可以追溯到18世纪。第一例现代意义上的资产证券化是20世纪60年代末产生于美国的抵押贷款支持证券。资产证券化的成功范例是住宅抵押贷款的证券化。

4. 完整的资产证券化交易通常包括三个流程。一是由发起人设立特殊目的实体（SPV），并将证券化资产进行转移。二是SPV对资产池的现金流进行重组、分割和信用增级，并以此为基础发行有价证券，以出售证券所得作为SPV从发起人处购买资产的资金。三是服务机构负责资产池资金的回收和分配，主要用于还本付息，剩余部分则作为发起人的收益。

5. 我国从20世纪90年代初期开始探索学习证券化模式。我国资产证券化经过了试点、扩大规模和扩大范围三个阶段，即将步入常规化发展。

6. 适宜作为证券化基础资产的品种主要有消费信贷类、商业抵押贷款类、租赁应收款类及其他具有未来稳定现金流的资产。

7. 资产证券化的参与主体主要有借款人、发起人、特殊目的实体（SPV）、投资人、信用增级机构、信用评级机构、承销商、资金保管人。

8. 资产证券化的成功有九大要素：合理的贷款发起过程；健全的法律架构；完整的现金流分析；审慎的会计处理；有公信力的信用评级；专业的投行服务；成熟的债券市场；活跃的二级市场；多样化的投资者。

9. 资产证券化有七大基本流程：组建资产池；将资产组合出售给SPV；信用增级；信用评级；发售证券；售后管理与服务；二级市场交易。

10. 参照各国的资产证券化实践和相关立法，SPV的法律形态主要有信托形式、公司形式、有限合伙形式三种。

11. 资产证券化产品具有风险低、收益高、流动性强的特点。常见的风险是提前偿付风险、信用风险、利率风险、流动性风险及服务商和管理人风险。

12. 住宅抵押贷款具有以下三个方面的特点：贷款的同质性较高、贷款期限较长、以固定利率为主。

13. 信用卡贷款具有五个特点：一是属于典型的循环额度贷款。二是信用卡的发贷方对借款方在资金的用途上一般没有限制，并且在使用方式上一般也没有限制，灵活方便。三是信用卡贷款是一种无担保信贷。四是信用卡贷款没有固定的分期还款时间表。五是信用卡贷款的还款期相对于其他种类贷款来讲很短。

二、重点内容导读

（一）资产证券化区别于股票、债券等传统融资方式的典型特征

1. 资产证券化是一种结构性融资方式。股票或债券融资通常是由资金需求者直接发行证券，并不需要其他的组织结构安排。而资产证券化则不同，一般需要两个方面的交易结构安排：一是设立 SPV，进行证券化资产的“真实出售”，并形成“风险隔离”；二是对资产池中的现金进行结构性安排，创造出具有不同风险、期限和收益特征的收入凭证，以满足不同投资者的需求。

2. 资产证券化是一种表外融资方式。资产证券化出售的是资产预期收入，并不构成负债，是一种不显示在资产负债表上的融资方法，可以在不提高负债率的情况下使原始权益人获得所需资金。

3. 资产证券化是一种资产信用融资方式。资产证券化的本息偿付仅以证券化资产为界，因此，投资者更加关注资产池本身的质量，原始权益人本身的信用水平则被置于相对次要的地位。

4. 资产证券化是一种低成本融资方式。在资产证券化过程中，需要对证券化资产进行集合和打包，并辅以信用增级，这可以使证券取得比发起人本身更高的信用评级，从而大幅度降低原始权益人的融资成本。

5. 资产证券化产品的风险分散、违约率低。资产证券化对应的是一个资产池，单一证券占整体群组的比例较小，且证券化之后持份切割，达到分散风险的效果。再加以商品架构上的特殊设计，将风险重新包装，使主顺位证券可获得较高信用评级，违约率也因此相对较低。

（二）参与资产证券化的资产通常具有的特征

1. 资产必须具有一定的同质性，未来能够产生可预期的稳定现金流，或有明确约定的支付模式，这种约定必须是契约性质的。

2. 有良好的信用记录，违约率低。

3. 本息的偿还完全分摊于整个资产存续期间。

4. 资产的债务人或贷款的借款人有广泛的地域和人口统计分布。

5. 资产的抵押物有较高的清算价值或对债务人的效用很高。

6. 有可理解的信用特征。资产的合同标准规范，条款清晰明确，避免不合规范的合同和因合同条款缺乏有效性、完备性而造成利益上的损失。

7. 资产的平均偿还期至少为一年。

（三）资产证券化的参与主体

1. 借款人，向承贷机构举债，形成承贷机构对借款人的债权。

2. 发起人，是拥有证券化资产原始权益的经济主体，其职责是确定证券化资产，并进行组合，然后将其出售给 SPV。

3. 特殊目的实体（SPV），是资产支持证券的发行人，通过 SPV 实现破产隔离。SPV 在整个资产证券化交易中扮演通道角色。

4. 投资人，是证券化资产的认购主体，主要是机构投资者，如银行、保险公司、基金等。

5. 信用增级机构，即以信用增级手段对基础资产进行现金流补充和加强，以改善其信用评级和发行成本。

6. 信用评级机构，法律一般会要求发起人对拟发证券进行信用评级。

7. 承销商，是资产证券化交易和市场之间的枢纽，一般由投资银行、信托投资公司、证券公司等来担任。除了提供市场信息、联络投资人、安排证券发行之外，承销商往往还担任整个资产证券化的财务顾问。

8. 资金保管人（托管人），是资产证券化交易中的高级“出纳”，承担账户的开设、资金的保管和证券的支付等工作。为了避免利益冲突，往往由与发起人、投资者等交易主体没有关联关系的第三方担任。

（四）资产证券化的主要风险和对策

虽然资产证券化产品一般具有风险低、收益高、流动性强的特点，但作为证券化产品，它同样具有一般证券化产品的风险，其常见的风险和对策为：

1. 提前偿付风险。资产支持证券比预计的日期提早得到偿付，这一般是由于资产证券化交易中的基础资产现金流的提前而引起的。借款人提前偿还的不确定性将对资产支持证券的现金流产生重大影响，其结果是缩短或延长证券的预定投资期，从而使得投资者的收益变得不确定。针对提前偿付风险，可以通过以下三种办法解决：（1）发起人在构建资产池时选择对提前偿付有约束的贷款。（2）委托资金托管人将提前收到的现金流用于购买国债、金融债等来调整现金流，降低投资人的再投资风险，确保投资人的投资收益和期限符合要求。（3）通过结构化设计对资产池的现金流进行特殊切割，确保特定的证券在一定范围内不受资产现金流变化的影响。

2. 信用风险。信用风险是指证券的发行人不能按时对证券本息进行支付的风险。

信用风险的变动会改变证券的市场价值，资产池信用质量的整体恶化还可能直接影响证券的现金流。针对信用风险，可以采用信用保险或对冲信用风险工具来规避，对冲信用风险工具有信用价差期权、信用远期合约、信用互换等。

3. 利率风险。资产证券化的利率风险来自两个方面：一是利率变化对资产池现金流的影响；二是利率变化对证券本身定价的影响。证券的定价和利率呈反向变动关系，利率的上涨会导致证券贬值，如果投资者必须在到期前出售证券，就会导致损失。针对利率风险，可以运用利率期权、利率期货及利率互换等金融衍生工具进行转移。

4. 流动性风险。流动性风险主要表现为证券以接近于其真实价值的价格出售的难易程度，一般用市场上的买卖价差衡量，价差越大，流动性风险就越大。

5. 服务商和管理人风险。资产证券化交易中的资产是由服务商和管理人来管理的，如果服务商和管理人违约或破产倒闭，资产证券化的运作就会面临停止或瘫痪的危险。针对这一风险，一般的资产证券化交易都会指定后备服务商或管理人。

三、习题

（一）名词解释

1. 资产证券化
2. 强制锁定
3. 收益保全
4. 现金流保全
5. 现金担保账户
6. 信用卡购买率
7. 信用卡本金偿还率
8. 信用卡冲销率
9. 有限合伙
10. 统合信托
11. 所有人信托
12. 转付证券
13. 过手证券

（二）判断正误

1. 资产证券化融资不是主要依靠企业自身信用，而是依靠资产的未来收益。（　　）

2. 资产证券化中的资产往往是流动性较好的资产，通过资产证券化将其转化成流动性较强的资产是其动力来源和显著特征。（　　）

3. SPV 是发起人为了购买其发起的贷款以及在市场上发行由该贷款产生的现金流而专门设立的信托类实体。（　　）

4. 资产证券化出售的是资产预期收入，并不构成负债，因而是一种表外融资方式。（　　）

5. 商业不动产贷款证券化主要体现在发行信托和卖方的风险隔离、借款人和发行人的风险隔离两个方面。（　　）

6. 商业不动产抵押贷款证券吸引人的地方在于提前还款情况相对确定，与相同期限国债之间的收益率差价也相对较小。（　　）

7. 商业不动产抵押贷款证券几乎一问世就以其优良的信用质量和较大的收益率差价成为固定收益投资产品中重要的一员。（　　）

8. 评级机构会对所有的基础贷款进行重估是商业不动产抵押贷款的一个重要特征。（　　）

9. 抵押率是指贷款余额与抵押物价值的比率，在其他条件相同的情况下，抵押率越低，借款人违约的可能性越大。（　　）

10. 资产证券化是重组信托公司用来处置商业物业抵押贷款的主要技术。（　　）

（三）单项选择题

1. 资产证券化由于交易金额大，涉及领域多，参与者除了核心主体外，还有延伸主体。下列各项中（　　）就是延伸主体。

A. SPV　　B. 做市商

C. 发起人　　D. 投资者

2. （　　）是证券化资产原始权益的经济主体，其职责是确定证券化资产并进行组合，然后将其出售给 SPV。

A. 发起人　　B. 投资者

C. 借款人　　D. 承销商

3. 对发行人来说，精确的现金流分析可以确保债务能够按时全额偿还，但下列各项中（　　）不属于完整现金流分析的内容。

A. 设定折现率

B. 分析借款人偿还贷款的能力

C. 分析违约发生的概率

D. 分析贷款外资产的会计处理

4. 按交易结构设计不同，资产证券化可分为（　　）。

A. 抵押贷款支持证券和资产支持证券

B. 汽车贷款支持证券和信用卡贷款支持证券

C. 过手证券和转付证券

D. 应收账款支持证券和新兴担保债务凭证

5. 组建资金池属于（　　）。

A. 资产证券化的流程　　B. 售后管理服务方式

C. 信托形式　　D. 公司投资操作技术

6. 提前偿付是住宅抵押贷款证券的一个特色，下列各项中（　　）不属于该风险的形态。

A. 迁移（或转售即还条款）　　B. 贷款违约

C. 节省利息动机　　D. 房地产市场不景气

7. 为了解决循环购买，避免每次资产转让都要设立一个新信托的问题，信用卡公司一般采用（　　）。

A. 单一信托模式　　B. 统合信托模式

C. 复合信托模式　　D. 多重信托模式

8. 资产证券化的产品往往更具有（　　）。

A. 流动性　　B. 收益性

C. 安全性　　D. 风险性

9. 下列各项中（　　）不属于信用卡贷款的特点。

A. 是典型的循环额度贷款　　B. 没有固定的分期还款时间表

C. 是一种担保信贷　　D. 是一种无担保信贷

10. 商业不动产抵押贷款信用增级有独特之处，允许业主在出售抵押不动产时，用所得到的收益相互支援的信用增级方式是（　　）。

A. 超额担保　　B. 设立储备基金账户

C. 交叉担保　　D. 交叉违约

（四）多项选择题

1. 资产证券化通常具有的三个基本特征是（　　）。

A. 所发行证券必须是由特定资产支持的证券

B. 企业的任何资产均适合进行资产证券化

C. 资产证券化的产品比基础资产更具流动性

D. 资产证券化不涉及资产交换

E. 资产证券化必须涉及资产转移

2. 资产证券化区别于股票、债券等传统融资方式的典型特征是（　　）。

A. 是一种结构性融资方式　　B. 是一种表外融资方式

C. 是一种资产信用融资方式　　D. 是一种低成本融资方式

E. 产品风险分散、违约率低

3. 适宜做证券化基础资产的品种主要有（　　）。

A. 消费信贷类　　B. 商业抵押贷款类

C. 消费应收款类　　D. 租赁应收款类

E. 其他具有未来稳定现金流的资产类

4. 资产证券化交易的核心主体是（　　）。

A. 信用评级机构
B. 承销商
C. 发起人
D. 特殊目的实体（SPV）
E. 投资者

5. 下列各项中属于资产证券化参与主体的是（　　）。

A. 投资者
B. 发起人
C. 信用增级机构
D. 信用评级机构
E. 承销商

6. 下列各项中属于信用卡贷款特点的是（　　）。

A. 属于典型的循环额度贷款
B. 是一种无担保信贷
C. 贷款的还款期限相对较短
D. 贷款没有固定的分期还款时间表
E. 资金用途没有限制且方便灵活

7. 为了保障信用卡资产质量，防范违约风险，一般要分析关乎信用卡资产质量的经济指标。这些指标是（　　）。

A. 冲销率
B. 收益率
C. 购买率
D. 本金偿还率
E. 索赔率

8. 提前偿付是住宅抵押贷款证券的特点，其主要表现形态是（　　）。

A. 抵押贷款收购
B. 提高贷款池的同质性和分散性
C. 迁移
D. 贷款违约
E. 节省利息动机

9. 针对信用卡资产的特点，主要使用的信用增级方法有三种，即（　　）。

A. 优先/次级债券
B. 利差与利差账户
C. 现金担保账户
D. 将资产组合出售给 SPV
E. 组建资产池

10. 下列各项中属于汽车贷款的核心环节的是（　　）。

A. 违约风险
B. 提前还款
C. 信用评级
D. 信用增信
E. 交易和相对价值

（五）连线题（找出每个词汇的正确含义，并用实线连接）

词汇	含义
1. 过手证券 2. 转付证券 3. SPV 4. 收益保全 5. 统合信托 6. 信用卡冲销率 7. 所有人信托 8. 现金担保账户 9. 强制锁定 10. 承销商	A. 是指借款人对贷款人因提前还款而损失的利息收入进行补偿，使贷款人的利益不因提前还款而受影响 B. 是一种杠杆融资及项目融资的常见形式，又称所有人信托 C. 把到期时间、利息和性质相近的资产组合起来，然后发行直接代表该资产所有权的证券 D. 在贷款合同中规定一定的锁定期，在此期间禁止提前还款 E. 对资产池的现金流量进行重组，满足不同投资者的需求，具有不同风险和收益组合的一组证券 F. 是资产证券化交易和市场之间的枢纽 G. 由发起人安排成立一个现金专户来支援某一系列债券的现金流量，在超额利差为负时即可动用 H. 由发起人设立，为了购买其发起的贷款以及在资本市场上发行由该贷款产生的现金流支持的收益凭证 I. 是每月发生的不可收回的坏账额除以当月初信用卡应收款总额的年化比例，主要用于衡量资产的信用水平 J. 以同一个信托于不同时间发行多系列的债券，每一系列是以同一时间加入统合信托的循环型债权为共同基础发行的多组债券，这些系列债券的背后有一群共同的循环型债权作为担保

四、习题参考答案

（一）名词解释

1. 资产证券化：是指将缺乏流动性但可以产生稳定可预见现金流的资产，按照某种共同特征分类之后重新组合，以此为担保在二级市场发行可供交易的收益证券，进而融通资金的技术和过程。其本质上是将资产转化为证券的过程。

2. 强制锁定：是指在贷款合同中规定一定的锁定期，在此期间禁止提前还款，这是最直接的保护方式。

3. 收益保全：是指借款人对贷款人因提前还款而损失的利息收入进行补偿，即借款人对贷款人的补偿要能够使贷款人的利益不会因提前还款而受到影响。

4. 现金流保全：即要求借款人用于替换已提前还贷的现金流，以使得贷款人的现金流不受提前还款的影响。

5. 现金担保账户：即由发起人安排成立一个现金专户来支援某一系列债券的现金流量，在超额利差为负时即可以动用。

6. 信用卡购买率：是每月因信用卡的使用而产生的新的应收款占信用卡应收款余额的比例，用于衡量信用卡的使用率。

7. 信用卡本金偿还率：是每月收到的信用卡应收款本金付款占月初信用卡应收款余额的比例，用于衡量信用卡借款人的还款速度。

8. 信用卡冲销率：是每月发生的不可收回的坏账额除以当月初信用卡应收款总额的年化后的比例，主要用于衡量资产的信用水平。

9. 有限合伙：由一个以上的普通合伙人与一个以上的有限合伙人组成，普通合伙人承担经营管理职能，以其全部财产承担无限连带责任；而有限合伙人不参与合伙事务的经营管理，只根据出资额享受利润、承担债务，即承担有限责任。

10. 统合信托：是以同一个信托于不同时间发行多系列的债券，每一系列是以同一时间加入统合信托的循环型债权为共同基础发行的多组债券，这些系列债券的背后有一群共同的循环型债权作为担保。

11. 所有人信托：也称为业主信托，是一种杠杆融资及项目融资的常见形式。

12. 转付证券：是指通过对资产池的现金流量进行重组，满足不同投资者需求，具有不同风险和收益组合的一组证券。

13. 过手证券：就是把到期时间、利息和性质相近的资产组合起来，然后发行直接代表该资产所有权的证券。

（二）判断正误

1. √
2. ×（流动性较差的资产）
3. √
4. √
5. √
6. ×（较大）
7. √
8. √
9. ×（抵押率越高）
10. √

（三）单项选择题

1. B	2. A	3. D	4. C	5. A
6. D	7. B	8. A	9. C	10. D

（四）多项选择题

1. ACE	2. ABCDE	3. ABDE	4. CDE	5. ABCDE

6. ABCDE　7. ABCD　8. CDE　9. ABC　10. ABCDE

（五）连线题

1C　2E　3H　4A　5J
6I　7B　8G　9D　10F

五、相关案例分析

欧美资产证券化市场比较分析及对我国的启示

资产证券化起源于美国的抵押贷款市场，现在已经演变成一种全球性的金融理念。美国资产证券化市场规模位居世界首位，欧洲市场排名第二位。截至2017年底，美国资产证券化市场存量规模是GDP的49%，而整个欧盟为GDP的6%。两个市场的资产证券化均主要由抵押贷款市场推动，其中美国抵押贷款支持证券占资产支持证券存量规模的86%，而欧洲市场的比例为62%。在供给方面，由于欧美抵押贷款市场存在着制度性的差异，欧洲资产证券化市场的发展相对有限；在需求方面，美国的投资者基础相对多样化，而欧洲资产证券化投资者较为单一，主要为银行投资者，非银行投资者实际上并不存在。

一、欧美资产证券化市场比较

1. 美国以机构担保MBS为主

美国资产证券化市场的增长动力来自政府资助企业（Government Sponsored Enterprises，GSE）的推动，截至2017年底，所有MBS中约有80%由GSE发行。GSE担保的抵押贷款具有联邦政府的隐性担保，可以最大限度地减少投资者的信用风险敞口。即使是在发生国际金融危机的2008年，机构担保MBS的发行规模也仅仅下降了6%，而且在2009年又开始迅速恢复，增长规模甚至超过了国际金融危机前的水平。非机构担保MBS的发行始于20世纪80年代中期，在2004—2007年期间发行规模达到顶峰，突破万亿美元。国际金融危机后投资者对MBS市场的信心急剧下降，特别是对于没有联邦政府隐性担保的非机构担保MBS。2008年非机构担保MBS发行规模仅为700亿美元，占整个MBS发行规模的5%，环比下降93%。直到2017年末，非机构担保MBS仅仅恢复到了2240亿美元的发行规模，与高峰时期的万亿美元发行规模相距甚远。

2. 欧洲资产证券化市场受到次贷危机冲击更大

欧洲资产证券化市场在1999年欧元区正式成立后开始进入快速发展通道，2000—2008年年均增长率达到40%。这一方面得益于欧洲金融一体化的建立为资产证券化市场的发展创造了有利条件，另一方面也得益于美国资产证券化市场的成功所起到的带动作用。国际金融危机后欧洲资产证券化市场受到抑制，虽然同美国一样资产证券化发行规模遭到腰斩，但美国资产证券化市场在2009年已经开始有明显上升，欧洲资产证券化市场则是一路下滑。另外，国际金融危机后欧洲资产证券化产品发行结构发生了明显变化。一方面，国际金融危机重挫了投资者信心，导致公开发行ABS比例锐减，

2009 年一度降至 6%；另一方面，欧洲中央银行流动性支持计划将 ABS 作为中央银行回购操作的抵押品，使得大部分产品开始由发起银行自持以获得中央银行流动性支持，留置证券化（retained securitization）开始盛行。

3. 欧洲 ABS 产品别具特色

在存量产品的构成上，欧洲资产证券化市场与美国一样以 MBS 产品为主。但值得注意的是，欧洲 MBS 产品以 RMBS 为主，截至 2017 年末，占比高达 58%；CMBS 占比较少，仅为 5%，这主要是因为在欧洲商业不动产可以直接在银行获得较优的信贷条件，对 CMBS 的需求相对较小。此外，欧洲资产证券化市场还发展出了极具欧洲特色的中小企业贷款资产证券化产品（Small and Medium - sized Enterprises，SME）和整体企业资产证券化产品（Whole Business Securitizations，WBS），占比分别为 6% 和 5%。其中，SME 的产生是为了解决欧洲众多中小企业的融资问题，由于中小企业贷款的异质性强、金额小以及频率高，难以发挥规模效应，发起人不愿意设立专门的 SPV 进行中小企业贷款证券化。为此，欧洲公共部门在推进中小企业证券化方面发挥了积极的作用，设立并发起了一系列项目和倡议，并在其中扮演着通道搭建、项目管理和信用增级的角色。WBS 则起源于 20 世纪 90 年代的英国，WBS 是对正在运营的资产进行证券化，并将这些资产运营产生的收益用于偿付债务。WBS 债券是企业的直接或间接债务，而资产所有权仍停留在发起人的资产负债表内，属于表内资产证券化。

4. 产品评级差异较大

欧美资产支持证券在评级上也存在较大差异。虽然 2017 年美国资产证券化的发行规模是欧洲资产证券化发行规模的 9 倍之多，但美国发行产品评级在 A/A 及以上的占比仅为 46%，而在欧洲这一比例高达 73%；此外，美国 Caa/CCC 及以下产品的比例为 8%，在欧洲这一比例则仅为 2%。这表明与美国资产证券化产品相比，欧洲资产证券化产品的底层资产往往由现金流表现更为良好的优质资产组成。根据标准普尔、穆迪等评级机构公布的数据，即使是在次贷危机前后的 2007 年到 2010 年期间，欧洲资产支持证券的违约率也仅为 0.95%，而在这期间美国资产支持证券的违约率则高达 7.7%，全球企业债券违约率为 6.34%。

二、影响欧美资产证券化市场发展差异的因素

欧美资产证券化不仅在市场规模上存在巨大差异，在产品结构以及产品评级方面也各有不同。造成这些差异的原因主要包括以下几个方面。

1. 政府支持方向各异

美国在 20 世纪 80 年代发生的储贷协会（Savings and loan Associations，S&L）危机导致住房抵押贷款市场发生了重大的结构性变化。20 世纪 70 年代末之前，S&L 主要通过吸收短期的固定利率存款来为个人提供长期固定利率的住房抵押贷款。然而，自 20 世纪 60 年代起，市场利率环境发生了变化，利率开始不断上升。S&L 的储蓄客户因名义利率上升开始不断地大量提取存款，将这些资金投资于更高收益的资产。因此，S&L 的资本金开始不断减少。此外，由于当时美国金融市场处于去监管的宏观环境中，市

场上的储贷机构往往采取更加激进的市场行为，从而导致其处境进一步恶化。同时，自20世纪70年代开始，美国战后婴儿潮（1946—1964年）一代逐渐成年，人口膨胀所带来的买房需求剧增，导致住房抵押贷款需求激增。住房抵押贷款供给的不足与需求的激增产生了巨大的供需矛盾。在此背景下，房地美、房利美这些政府资助企业（GSE）开始发挥关键作用。尽管S&L存贷比不断上升，但透过向GSE出售大量一级市场固定利率贷款，S&L获得了大量流动性并规避了利率上升的风险，仍能不断为市场提供抵押贷款。GSE在购买了一级市场固定利率贷款后将其打包，依靠联邦政府提供的隐性担保能够以相对于私人发行人较低的成本证券化抵押贷款，从而使得二级抵押贷款市场的流动性大幅增加。

然而，在欧洲抵押贷款市场中，政府干预非常有限。因为根据欧盟条约的规定，禁止建立政府资助机构以避免产生不公平竞争，因而欧洲MBS主要依靠私人部门发行，并不存在与GSE类似的机构。因此，由于没有隐性的政府担保，银行进行证券化成本相对较高。此外，在欧洲的结构化融资市场中资产担保债券（Covered Bond，CB）扮演着更为重要的角色，对ABS产品具有较大的替代作用。欧洲CB市场的盛行，主要与监管层的政策导向有关。欧洲制定了相对统一和宽松的法律法规来支持CB市场的发展。比如，欧洲《可转让证券共同投资计划指令》（*Directive on Undertakings for Collective Investments in Transferable Securities*，UCITS）第22（4）条款对资产担保债券的相关特征作出最低要求，为资产担保债券在几个不同的欧洲金融市场监管领域的特别处理提供了基础；欧盟《资本要求指令》（*Capital Requirements Directive*，CRD）规定，如果CB满足UCITS第22（4）条款的标准，那么资产担保债券可以从特殊信用风险差异中受益。最后，欧洲各国相继引入大额模式来标准化CB的发行，使其流动性大幅增加。

2. 抵押贷款种类不同

在美国，固定利率抵押贷款较为盛行，这与美国资产证券化的重要性和GSE的关键作用有关。这些固定利率贷款对银行颇具吸引力，因为通过将长期贷款证券化，银行实际上不必承担由短期存款资金为长期抵押贷款提供融资所带来的利率风险。而在欧洲，许多国家的住房抵押贷款形式以浮动利率为主。此外，在次贷危机发生之前，美国住房贷款机构向次级借款人提供了各种各样的非标准抵押贷款，包括“引诱利率”（Teaser Rates）、负摊销利率（Negative Amortisation Rates）和高贷款价值比（Loan - to - value Ratio）等形式。这些新类型的抵押贷款具有较高的风险。然而通过资产证券化，这些内嵌的风险最终都转移给了ABS投资者。但在欧洲，这些非标准抵押贷款并不常见。而且在大多数欧洲国家，贷款人对固定利率贷款的提前偿还要预付罚款，而浮动利率贷款的提前还款却很少受到罚款。这些底层抵押贷款合同的差异是欧美之间ABS产品信用风险存在较大不同的重要原因。

3. 产品发行激励有别

国际金融危机爆发后，信息不对称以及交易对手方风险上升等因素导致银行间市场流动性枯竭。为了缓解银行间市场流动性枯竭的问题，欧洲中央银行积极运用了一系列的公开市场工具，向商业银行和金融市场提供流动性。其中，逆回购是欧洲中央银行公开市场操作最主要的工具。同时，欧洲中央银行扩大了合格担保品的范围，逐渐将 MBS、ABS 等证券化产品纳入合格担保品范围。欧洲中央银行数据显示，2008 年资产支持证券在欧洲中央银行再融资担保品中的比例达到 28%，目前该比例基本维持在 20% 左右。在欧洲中央银行这一货币政策的推动下，欧洲资产证券化市场留置证券化（Retained Securitization）产品开始盛行。完成这些证券化交易的唯一目的只是利用证券化来创造抵押品，用于获取来自中央银行的资金，而并没有出售给第三方投资者的意图。因此，在留置证券化交易中，通过特殊目的的实体发行的所有证券化资产都会被发起银行持有并保留在其资产负债表上。但与欧洲相比，美国并没有出现显著的留置证券化。主要原因在于，国际金融危机中，美国非机构担保的私人资产证券化业务遭受重创，以“两房”为代表的机构担保资产证券化业务受到的影响偏小。商业银行仍然可以继续将符合要求的住房抵押贷款出售给房地美或房利美，以获取流动性。另外，不同于欧洲中央银行，美联储的货币政策以在公开市场买入或出售证券为主，发起人并没有动力开展留置证券化业务。

4. 对证券化产品的需求存在差异

从需求方面看，美国证券化市场的投资者基础相对较为多元化，非银行金融机构持有相对较大份额的证券化工具。然而，在欧洲资产证券化市场中，银行占主导地位，而养老金和保险基金等非银行金融机构在资产支持证券的投资者中处于边缘地位。这是由于在欧洲偿付能力 II（Solvency II）制度下，投资资产支持证券将需要较高的资本金。另外，欧洲养老金体系的结构组成也限制了养老基金的需求。欧洲养老金体系具有确定给付制（Defined Benefit Plan，DB Plan）的性质，因此，需要具有较低早偿风险的长期资产来避免久期错配。然而，ABS 通常会在两年到五年内摊销；尽管 RMBS 相对期限较长，但却面临着一定的早偿风险。

案例讨论

欧美资产证券化市场的发展对我国有何启示？

案例分析

通过对欧美资产证券化市场的比较分析，可以看到欧美资产证券化市场的不同发展模式首先是特定历史时期适应各自实体经济发展需求的必然产物。另外，政府的引导和支持在市场发展的走向方面起到了关键作用，正是美国政府通过 GSE 的支持才使得美国机构担保 MBS 产品得到迅速发展；而在欧洲，正是由于中央银行对于逆回购产品范围的引导才使得欧洲留置证券化产品盛行。虽然我国的金融体系与欧美存在一定差异，但欧美资产证券化市场的发展经验对我国依然具有一定的借鉴意义。

第一，我国资产证券化市场的发展应立足于实体经济的客观融资需求，发展出能够适应我国自身金融市场环境的主流结构化融资产品。目前我国资产证券化市场根据监管机构的不同分为信贷 ABS、企业 ABS、交易商协会 ABN 等，每个类型均发展出了众多基础资产类型各异的 ABS 产品。其中信贷 ABS 的基础资产大类目前达到 10 种，企业 ABS 更是多达 19 种，交易商协会 ABN 也有 8 种之多。这反映出市场创新活力充足，资产证券化的理念得到普及。但从欧美市场的发展经验来看，分散的市场、众多的基础资产类型不利于市场的统一和规模化发展。部分号称首单的 ABS 产品一经发行便成为此种基础资产类型的最后一单，宣传的意义有时超越了实际融资的需求。这表明并非所有的基础资产都适合发行资产证券化产品，资产证券化也并非对所有的经济主体来说都是有效的融资手段。因此，我国资产证券化市场也应立足于实体经济的客观需求，将更加符合资产证券化理念和更加具有可操作性的基础资产类型作为市场主要发展方向。这将有利于降低监管成本和融资成本，促进市场的规模化发展。

第二，政府部门在资产证券化的发展过程中也应该充分发挥其引导、支持作用，使得资产支持证券能够成为我国经济宏观调控的重要金融工具。目前国家监管层在不同的政府会议及文件中多次提到鼓励支持开展资产证券化业务，但并没有上升到立法的层次，支持力度较为有限。更重要的是，从欧美发展的经验来看，资产证券化产品成为中央银行货币政策重要组成部分。在欧洲，MBS、ABS 等证券化产品是中央银行再融资担保品中的重要组成部分。在美国，机构担保 MBS 则直接是美联储资产负债表中的重要资产之一，截至 2018 年 6 月 30 日，机构担保 MBS 占美联储总资产的 41%。美联储透过直接买卖机构担保 MBS 对美国房地产市场、债券市场、股票市场以及通货膨胀进行宏观调控。在我国，资产支持证券规模尚小，仅是 GDP 的 2% 左右，尚不足以充当中央银行货币政策工具，但应该成为未来资产证券化产品发展的重要方向。如果我国的房产抵押贷款能够有效转化为 MBS，那么中央银行就可以通过回购和逆回购等公开市场操作手段来调控房地产市场和房地产相关的信贷业务规模，货币政策的有效性就可以更直接地扩大到资本市场的其他环节，甚至实体经济。

案例参考资料

金哲：《欧美资产证券化市场比较分析及对我国的启示》，载《债券》，2018（11）。

第十二章　金融市场风险与金融监管

一、学习提要

1. 金融市场风险是指由于金融市场因子波动而形成的资产未来可能发生的损失。金融市场风险是金融风险的重要类型。金融风险有多种类型。常见的分类是按其性质和来源分为金融市场风险、信用风险、流动性风险，以及操作风险、法律风险、信誉风险等。

2. 20 世纪 70 年代之后，金融市场风险的两大决定因素，即金融市场因子波动程度、金融资产价值与市场因子的相关度，都有了很大的提高。由此而引发的金融市场风险不断加剧，成为金融机构等经济主体共同面对的主要风险之一。

3. 金融市场风险管理是随着市场风险的扩大而产生和发展起来的，它通过对金融市场风险进行适当的处理，达到转移、分散、控制和防范风险的目的。

4. 从风险处理的角度来看，金融市场风险管理的内容有两个方面，即转移风险与控制风险。前者是指将无法回避的市场风险通过分散化、套期保值和保险等方式，转嫁到其他金融机构或产品上。后者是指把风险保持在可以承受的水平上并保证风险处于可控状态。

5. 分散化和对冲都是金融市场风险管理中风险转移方面的内容。套期保值又称为对冲，是指根据已有资产的金融市场风险的特点建立相反的头寸，以抵消或降低金融市场风险的不利影响。对冲的基本思路是在准确解析市场暴露的构成、分布和随机特征的基础上，进行反向工程，构造满足对冲目标的具有相反风险特性的新的资产组合。在风险不能对冲的情况下，就要采用风险转移策略。

6. 金融监管是金融监督和金融管理的总称，是指一国政府或政府的代理机构通过特定的机构（如中央银行）对金融交易行为主体进行的某种限制或规定。本质上是一种具有特定内涵和特征的政府规制行为。

7. 金融监管主体也称为金融监管机构，是指依据法律法规的授权对金融行业进行监督管理的机构。金融监管的客体不仅包括向金融市场提供产品的金融机构，还包括金融市场参与者的交易行为。金融监管的目标主要有三个：一是维护金融业的安全与稳定；二是保护公众的利益；三是维持金融业的运作秩序和公平竞争。

8. 金融监管的理论依据主要有金融脆弱说和公共利益说。金融脆弱说认为金融机构由于三方面的原因而存在较大的脆弱性：（1）短借长贷和部分准备金制度导致了金融机构内在的非流动性；（2）资产负债表中主要是金融资产而非实物资产，主要是金融负债而非资产净值，从而在金融机构之间存在着相互依赖的网络；（3）存款合同的等值和流动性形成了在萧条时期提取存款的激励。公共利益说认为金融市场失灵主要表现在自然垄断、外部效应和信息不对称等方面，而金融监管作为一种公共产品，是降低或消除市场失灵的手段。

9. 金融监管理论的变革经历了以下几个阶段：自然形成（20 世纪 30 年代以前）；严格监管、安全优先（20 世纪 30 年代至 70 年代）；金融自由化，效率优先（20 世纪 70 年代至 80 年代末）；安全与效率并重（20 世纪 90 年代至 2008 年国际金融危机）；金融监管理论的全面反思（2008 年国际金融危机至今）。

10. 金融监管体制是指为实现特定的社会经济目标而对金融活动施加影响的一整套机制和组织结构的总和。金融监管体制按监管行为方式分为自律式模式、法制化模式和干预式模式；按权力层次划分为一线多头型、双线多头型和集中单一型；按功能和机构分为统一监管型和多头监管型。

11. 全球发达国家的金融监管体制起步较早，形成了较为固定的模式，主要有美国的金融监管体制、英国的金融监管体制、日本的金融监管体制等。

12. 中国 1978 年以前实行严格的计划经济管理体制，监管体制带有强烈的集中统一性质。20 世纪 80 年代以后仍然实行集中监管体制。20 世纪 90 年代以后逐渐形成了由人民银行、银保监会、证监会分业监管的格局。目前，中国实行的分业监管、相互合作的金融监管体制基本适应中国金融机构和金融市场发展的实际需要。

二、重点内容导读

（一）认识和理解金融市场风险

一般意义上风险是指未来结果的不确定性。由金融体系不确定性引起的风险称为金融风险。金融风险可按性质和来源分为金融市场风险、信用风险和流动性风险等。

金融市场风险是金融风险中的一种，是指由于金融市场因子波动而形成的未来资产发生损失的可能性。在资产证券化、可交易化和市场波动加剧的条件下，金融市场风险成为金融机构承担的主要风险之一。

（二）金融市场风险的度量

金融市场风险的度量是金融市场认知的重要环节。根据金融市场风险大小采取相应的措施是必然逻辑，也是防范和化解金融市场风险的前提条件。金融市场风险的基础原因是因金融市场因子不稳定而引起的金融资产价值减少。当金融资产价值损失超过一定限度时，会将金融机构的风险资本消耗殆尽，从而引发信用危机，形成信用风险。

金融市场风险的大小取决于两大因素：金融市场因子波动程度以及金融资产价值与这种波动的相关度。金融理论和实证表明，基础性金融市场因子有利率、汇率、股票价格和商品价格等。几乎所有金融资产的价值，直接或间接地都可以表示为这几个因子的函数。金融市场因子的波动程度越大，金融资产价值的波动也越大。通过分析金融市场因子的变动，可以推测金融资产价值的变化，从而估计金融市场风险的大小。

造成金融市场因子变动的因素很多。第一，金融竞争加剧、全球市场自由化和一体化程度提高，是金融市场因子自由度增加的主要原因。第二，金融创新和技术进步，尤其是金融衍生产品的迅猛发展，使金融市场变得更加敏感动荡。

影响金融资产价值与金融市场因子相关度的主要是新金融工具的大量涌现。新金融工具一方面为金融风险的分解转移创造了条件；另一方面又加重了各种金融市场因子的相互影响，使它们的波动更加复杂，增强了金融市场因子变动的不确定性。

（三）金融市场风险管理的主要内容

金融市场风险管理是随着金融市场风险的扩大而产生和发展起来的，它通过对金融市场风险进行适当的处理，达到转移、分散、控制和防范风险的目的。

金融市场风险管理由于依据的理论不同，存在不同的管理方式和方法。从风险处理的角度看，金融市场风险管理的内容不外乎两个方面，即转移风险和控制风险。

转移市场风险就是将无法回避的市场风险通过分散化、套期保值和保险等方式，转嫁到其他金融机构或产品上。套期保值又称对冲，是指根据已有资产的金融市场风险特点建立相反的头寸，以抵消或降低金融市场风险的不利影响。对冲的思路是在准确解析市场暴露的构成、分布和随机特征的基础上，进行反向工程，构造满足对冲目标的具有相反风险特性的新的资产组合。对冲有完全对冲和部分对冲之分，理论上讲，完全对冲后资产组合的风险为零，但实践中却几乎不可能。对冲必须结合对冲者预期、风险偏好及交易成本，选择某些市场风险因子才能实现。

控制市场风险则是把风险保持在可以承受的水平并保证风险处于可控状态，这通常是针对那些为获得风险收益而必须保留的市场风险的一项管理内容。

（四）金融监管及其构成

金融监管是金融监督与管理的总称。金融监督是指金融当局或管理机构依法对金融体系、金融机构、金融市场所实施的全面的、经常性的检查与督促，以保证其安全可靠、健康发展。金融管理则是指金融当局或管理机构依法对银行业、证券业、保险业等金融经营活动所实行的领导、组织、协调和控制等一系列活动的总称。20 世纪 90 年代以后，金融监督与金融管理一般同时使用，不再区分两者的细微差别。金融监管主要由金融监管主体、金融监管客体、金融监管目标和金融监管手段构成。

金融监管主体是指依据法律法规的授权对金融行业进行监督管理的机构，有广义和狭义之分。广义的金融监管主体包括政府监管机构、其他社会监管机构以及行业自律监管机构；狭义的金融监管主体仅指政府设置的监管机构。不同国家在不同时期依据不同的金融监管主体模式设置不同的金融监管主体。

金融监管客体即金融监管对象，主要包括各类金融机构、金融市场的各种交易行为，以及跨国金融机构的经营。

金融监管目标是监管行为取得的最终效果或达到的最终目标，分为一般目标和具体目标。一般目标是促成建立和维护一个稳定、健全和高效的金融体系，保证金融机构和金融市场健康发展，从而保护金融活动各方特别是存款人的利益，推动经济和金融发展。具体目标主要有三项：第一，维护金融业的安全与稳定；第二，保护公众的利益；第三，维持金融业的运作秩序和公平竞争。

具体的金融监管手段必须根据金融监管对象的性质及特点、金融监管主体的层次等级、金融监管目标实现的难易程度以及金融监管目标所付出代价的高低而定，主要包括法律手段、经济手段、行政手段、自律管理等。

（五）金融监管的理论依据

金融监管有两大理论依据，即金融脆弱说和公共利益说。它们都是建立在新古典微观经济理论基础之上。

金融脆弱说起源于明斯基（Minsky）于 1982 年提出的“金融不稳定假说”。明斯基及其追随者认为，银行的利润最大化目标促使它们在系统内增加风险性业务和活动，导致系统的内在不稳定性，因而需要对银行的经营行为进行监管。金融脆弱性通常由三方面原因造成：一是短借长贷和部分准备金制度导致了金融机构内在的非流动性；二是在资产负债表中，主要是金融资产而不是实物资产，主要是金融负债而不是资产净值，在金融机构之间存在着相互依赖的网络；三是存款合同的等值和流动性形成了在萧条时期提取存款的激励。

公共利益说基于市场失灵理论，认为金融市场同样存在失灵，从而导致金融资源的配置不能实现“帕累托最优”，具体表现在自然垄断、外部效应和信息不对称等方面。

关于自然垄断，一些学者认为，规模经济可能存在于银行业。银行规模越大，则成本越低，收益越高，意味着它具有一定的自然垄断倾向。而金融部门的垄断可能造成价格歧视、寻租等有损资源配置效率和消费者利益的不良现象，对社会产生负面影响，降低金融业的服务质量和有效产出，造成社会福利损失，理应通过金融监管消除垄断。

外部效应是指提供一种产品或劳务的社会费用（或利益）和私人费用（或所得）之间的偏差。金融市场中存在风险与收益的外部性，存在监督、选择信贷的外部性，存在金融混乱的外部性。银行业作为一个特殊行业，其破产的社会成本明显高于银行自身的成本。个别银行的破产因多米诺骨牌效应，有可能导致整个银行系统的崩溃从而引发金融危机。通过金融监管消除外部性，就能有效防止金融风险的发生。

从理论上说，金融市场上由于银行等中介机构能有效解决信用过程中授信主体之间信息严重不对称的问题，信息应该是完全的，资金盈余者可以判断潜在的借款人是否值得信任、他们将资金投入运作后是否能产生预期的效益、到期归还本息是否有保障等。但在现实中，金融市场的表现则是一个信息不对称、不完全的市场，形成了存款人与银行、银行与贷款人之间的信息不对称，其后果：一是存在逆向选择和道德风险问题，使市场失灵更加明显；二是价格体系不再有效地传递有用信息，从而引起市场参与者较高的信息成本，无法实现信息效率市场的均衡，造成金融市场的低效率；三是信息具有公共产品的性质，解决对金融中介机构的“监视”，只能由没有私利的政府来提供金融监管这种公共产品。解决上述问题的有效途径，只有加强金融监管。

三、习题

（一）名词解释

1. 金融市场风险
2. 信用风险
3. 流动性风险
4. 套期保值
5. 分散化
6. 金融监管
7. 自然垄断
8. 外部效应

（二）判断正误

1. 金融市场风险是指由于借款人或交易对手不能或不愿履约而导致损失的可能性。(　　)

2. 金融市场风险的基础原因是金融市场因子不稳定而引起的金融资产价值减少。基础性金融市场因子有利率、汇率、股票价格和商品价格等。(　　)

3. 20 世纪 70 年代之前，相对于信用风险而言，金融市场风险并不十分显著。(　　)

4. 某些可以回避而经济主体又愿意回避的市场风险，也是金融市场风险管理的对象。(　　)

5. 金融市场风险并非传统意义上的金融风险。(　　)

6. 金融监管的理论依据是金融脆弱说。(　　)

7. 金融市场风险管理是随着金融市场风险的扩大而产生和发展起来的，目的是转移、分散、控制和防范风险。(　　)

8. 把无法回避的市场风险通过套期保值、保险等方式转嫁到其他金融机构或产品上，属于控制市场风险范畴。(　　)

9. 金融市场监管的目标有一般目标和具体目标之分。一般目标就是要保护公众利益。(　　)

10. 最后贷款人制度虽然发展成为金融监管的基础，自身却不属于金融监管范畴。(　　)

(三) 单项选择题

1. 传统意义上的金融风险主要是指（　　）。
A. 金融市场风险　　B. 信用风险和流动性风险
C. 金融衍生品风险　　D. 操作风险和法律风险
2. 金融不稳定假说最早是由（　　）提出的。
A. 明斯基　　B. 凯恩斯
C. 米德　　D. 阿克洛夫
3. 在金融监管体制模式中，英国是（　　）的典型代表。
A. 法制化模式　　B. 干预式模式
C. 统一监管模式　　D. 自律式模式
4. 新古典宏观经济学、货币主义和以供给学派为代表的自由主义理论和思想复兴，构成金融监管理论变革中（　　）的基础。
A. 监管理论自然形成　　B. 严格监管，安全优先
C. 金融自由化，效率优先　　D. 安全与效率并重
5. 中央和地方都对银行有监管权，同时每一级又有若干机构共同行使监管职能的监管模式称为（　　）。
A. 集中单一型监管模式　　B. 法制化模式
C. 一线多头型模式　　D. 双线多头型模式

(四) 多项选择题

1. 下列各项中（　　）属于金融风险。
A. 战略风险　　B. 金融市场风险
C. 信用风险　　D. 流动性风险
E. 业务风险
2. 造成金融市场因子剧烈波动的原因主要是（　　）。
A. 金融竞争加剧　　B. 银行信贷风险
C. 金融创新　　D. 保险市场垄断
E. 技术进步
3. 金融监管主体模式指的是一国对于金融监管主体的制度安排，主要包括（　　）。
A. 金融监管主体的监管权　　B. 组织机构
C. 行为方式　　D. 权力监督
E. 责任承担
4. 下列各项中（　　）属于金融监管的要素。

A. 金融监管的行为方式　　B. 金融监管的手段
C. 金融监管的主体　　D. 金融监管的客体
E. 金融监管的目标

5. 公共利益说是金融监管的理论依据之一，下列各项中（　　）属于该学说认定的金融市场失灵的表现形式。

A. 行政垄断　　B. 自然垄断
C. 外部效应　　D. 信息的不完全与不对称
E. 技术缺陷

6. 金融监管的三大目标体系是指（　　）。

A. 经济稳定增长　　B. 维护金融业的安全与稳定
C. 保护公众利益　　D. 促进充分就业
E. 维持金融业的运作秩序与公平竞争

7. 金融市场失灵的主要表现是（　　）。

A. 自然垄断　　B. 缺乏政府监管
C. 缺乏社会组织监督　　D. 外部效应
E. 信息的不完全与不对称

8. 金融监管体制模式按照监管行为方式可以分为（　　）。

A. 自律式模式　　B. 法制化模式
C. 干预式模式　　D. 统一监管模式
E. 多头监管模式

（五）连线题（找出每个词汇的正确含义，并用实线连接）

词汇	含义
1. 风险	A. 将无法回避的市场风险通过分散化、套期保值和保险等方式转嫁到其他金融机构或产品上
2. 金融风险	B. 根据已有资产的金融市场风险特点建立相反的货币头寸，以抵消或降低金融市场风险的不利影响
3. 金融市场风险	C. 证券定价和利率呈反向变动关系，到期前出售可能会导致损失
4. 转移市场风险	D. 是指未来结果的不确定性
5. 信用风险	E. 把风险保持在可以承受的水平上并保证风险处于可控状态
6. 利率风险	F. 是指由于金融市场、产品或金融机构缺乏必要的流动性导致损失的可能性
7. 金融监管	G. 由于借款人或交易对手不能或不愿履约而导致的可能损失
8. 流动性风险	H. 中央银行或其他金融监管当局依据国家法律规定对整个金融业实施的监督管理
9. 控制市场风险	I. 由于金融市场因子波动而形成的资产未来可能发生的损失
10. 对冲	J. 由金融体系不确定因素产生的一系列风险的总称

四、习题参考答案

（一）名词解释

1. 金融市场风险：是指由于金融市场因子波动而形成的未来资产发生损失的可能性。

2. 信用风险：是指由于借款人或交易对手不能或不愿履约而导致的可能损失。

3. 流动性风险：是指由于金融市场、产品或金融机构缺乏必要的流动性导致损失的可能性。

4. 套期保值：又称对冲，即根据已有资产的金融市场风险及其特点建立相反的头寸，以抵消或降低金融市场的不利影响。对冲的本质是进行反向工程，通过对一种或几种金融市场因子波动的正负反映，中和其对资产价值的影响。

5. 分散化：又称风险分散化，即对于难以规避和无法转移的风险，就采取控制的方法加以管理。其主要思想是，既然某些市场风险必须由自己承担，就只有通过准备适当风险资本的办法，将风险控制在可以承受的限度内。

6. 金融监管：是金融监督与金融管理的总称，是指一国政府通过特定的机构（如中央银行）对金融交易行为主体进行的某种限制或规定。其在本质上是一种具有特定内涵的政府规制行为。

7. 自然垄断：这里特指金融业中因规模经济的存在而使得成本更低、效益更高的现象。金融部门的自然垄断，可能造成价格歧视、寻租等有损资源配置效率和消费者权益，最终降低金融业的服务质量和有效产出。因此，监管部门应致力于限制乃至消除垄断。

8. 外部效应：通常是指提供一种产品或劳务的社会费用（或利益）与私人费用（或所得）之间的偏差。金融业中的外部效应多用于描述风险与收益的外溢与影响，尤其是金融风险带来的各种负效应，从而需要政府监管消除负的外部性。

（二）判断正误

1. ×（这是信用风险而非金融市场风险）
2. √
3. √
4. ×（该种风险不是金融市场风险管理的对象）
5. √
6. ×（不仅依据金融脆弱说，还包括公共利益说）
7. √
8. ×（属于转移或分散市场风险范畴）

9. ×（这是具体目标之一。一般目标是要促成建立和维护一个稳定、健全和高效的金融体系，通过保障金融机构和金融市场的健康稳定，推动经济和金融发展）

10. √

（三）单项选择题

1. B	2. A	3. D	4. C	5. D

（四）多项选择题

1. BCD	2. ACE	3. ABCDE	4. BCDE	5. BCD
6. BCE	7. ADE	8. ABC		

（五）连线题

1D	2J	3I	4A	5G
6C	7H	8F	9E	10B

五、相关案例分析

康美药业财务造假案例分析

2018 年底，中国证监会发现上市公司康美药业涉嫌财务造假，随即立案调查。2019 年 5 月 17 日，证监会通报康美药业案调查进展，确定康美药业披露的 2016 年至 2018 年的年度财务报告存在重大虚假。2019 年 8 月 16 日，证监会发布《证监会对康美药业等作出处罚及禁入告知》，正式通告了康美药业虚增营业收入、货币资金和固定资产等不法行径，属于有预谋、有组织，长期、系统实施财务造假行为。同日深夜，康美药业发布关于收到中国证监会《行政处罚及市场禁入事先告知书》的公告。康美药业财务造假涉案金额巨大，是我国迄今为止规模最大的财务造假案，对我国上市公司信息披露制度和政府监管、追责体系的强化与完善影响深远。

康美药业财务造假是有预谋的长期行为，其财务造假行为必然会留下痕迹，那么从哪些地方可以识别出康美药业财务造假的迹象，以便提前预警呢？

1. 存贷双高。存贷双高问题是康美药业最受公众质疑的地方之一。存贷双高是指一家公司同时拥有高额的银行存款和银行贷款，公司一方面需要支付高额的贷款利息，另一方面银行账户上却拥有大量的可用资金。资金利用率低，是对公司资金的巨大浪费，与正常的公司经营逻辑不符。根据康美药业 2018 年半年报，公司的货币资金余额为 399 亿元，同时，各种有息负债高达 347 亿元，占公司净资产的比例分别为 119%和 104%。在利息支出方面，康美药业 2018 年上半年净利润为 25.92 亿元，利息支出高达 8 亿元，占比为 31%。公司 2017 年净利润为 40.95 亿元，利息支出为 12.18 亿元，占比为 30%。存贷双高和高额利息支出现象已持续多年，其必要性与合理性让人怀疑。

2. 经营现金流不足。康美药业另一个令人诟病的问题就是公司的净现金流量远低于公司的净利润，经营活动产生的现金流不足。净现比是评价经营现金流量的常用指标，净现比 = 经营现金流量净额 ÷ 净利润，反映了企业赚 1 元钱的利润，会给企业带来多少现金流入，通常来说，企业的净现比会大于 1。反观康美药业财务报表调整前的财务数据，康美药业从 2010 年至 2018 年上半年，净利润总额为 201.08 亿元，而累计产生的经营活动现金流量净额却仅有 94.65 亿元，净现比为 47.1%，即公司每取得 1 元的净利润，产生的现金流入只有 0.47 元，远低于正常水平。当然，整个中药行业的经营现金流量普遍较低，但与同行业其他主要的医药企业相比，康美药业的净现比仍处于末端，作为行业领军企业，康美药业经营现金流不足的现象让人难以理解。

3. 毛利率异常。在一个竞争充分、开放的市场中，企业能获取的利润率会与行业特征相符。无视经济波动，与市场变化关联性不大，持续稳定的毛利率、超额毛利率、较高毛利率或是极低毛利率的出现，需要引起我们的警觉。根据康美药业财务报表未调整前的 2018 年半年报，公司 2018 年上半年实现营业收入 48.03 亿元，毛利率高达 26%，虽然整个中药行业毛利率都比较高，但康美药业连续多年毛利率都超过 24%，远超常规行业的毛利率水平，让人惊叹的同时，也让人疑虑。

4. 大股东股权质押比例过高。股权质押是企业融资的方式之一，公司股东将持有的公司股票抵押给金融机构以获得资金。但是如果公司大股东质押股份的比例过高，会形成较大的风险，比如当公司股价低于股票质押价格时，公司可能会遭遇平仓，拉低股价。康美实业作为康美药业的最大股东，其所持有的康美药业 91.91% 的股权已经质押，股权质押比例如此之高，需引起投资者的注意。

康美药业财务造假的内幕于 2019 年 8 月 16 日最终拉开，投资者的怀疑被证实。根据证监会发布的《证监会对康美药业等作出处罚及禁入告知》可知，康美药业 2016—2018 年年度、半年度财务报告中累计虚增营业收入 291.28 亿元，多计利息收入 5.1 亿元，虚增营业利润 41.01 亿元；2016 年 1 月至 2018 年 6 月，康美药业累计虚增货币资金超过 886.80 亿元；2018 年年度财务报告中，康美药业虚增固定资产 11.89 亿元，虚增在建工程 4.01 亿元，虚增投资性房地产 20.15 亿元；同时，公司还未按规定披露控股股东及其关联方非经营性占用资金的关联交易情况，属于有预谋、有组织，长期、系统实施财务造假行为，造假金额巨大，影响恶劣，为我国上市公司监管和财务造假预防敲响警钟。

案例讨论

康美药业财务造假案对加强上市公司金融监管有什么启示？

案例分析

1. 保证会计师事务所的独立性

会计师事务所是对上市公司运营情况进行监督的重要一环，会计师事务所作为独立的第三方，对被审计单位的财务报告进行审计并发布审计报告，增加财务报表使用者对财务报表的信赖程度，独立性是会计师事务所进行审计工作的基础和灵魂。本案中，广东正中珠江会计师事务所自 2000 年开始负责康美药业年报的审计工作，至今已为后者连续出具了17份“标准无保留意见”的审计报告，未能发现康美药业的巨额财务造假行为，也未能及时有效地作出预警，会计师事务所工作的独立性和有效性令人怀疑。会计师事务所应全力保证自身的独立性，坚守职业道德底线，监管机构也要强化监督和惩戒机制，保证会计师事务所工作的有序开展。

2. 加大对财务造假行为的惩戒力度

政府部门和监管机构要强化对上市公司财务造假行为的处罚力度，在上市公司、公司管理者及利益相关方心中建立起不敢触碰的红线，遏制上市公司财务造假行为的产生与蔓延。本案中，社会公众争论的一个热点是证监会对康美药业的处罚力度是否不足的问题，舆论质疑证监会对康美药业的处罚过轻，起不到应有的惩戒、震慑作用。特别是在证监会公布处罚结果后，康美药业的股价不跌反涨，在一定程度上验证了社会公众对处罚偏轻的质疑。我国相关政府部门和监管机构需加快我国相关法律法规体系的修改与完善，加大对财务造假行为的惩戒力度，让企业为失信付出惨痛代价，提高财务造假行为的犯罪成本，以适应不断变化发展的社会经济环境，树立法律权威，重塑公众信心。

案例参考资料

闫柏良：《康美药业财务造假案例分析》，载《知识－力量》，2019（49）。